Michaela Gartner

Elke Gulden / Bettina Scheer

Der kleine freche Tintenklecks

Elke Gulden / Bettina Scheer

Der kleine freche Tintenklecks

Musikalische Bewegungsgeschichten für 3 bis 6-Jährige

Mit Musik-CD

HERDER
FREIBURG · BASEL · WIEN

Informationen zum Fortbildungsprogramm von Elke Gulden finden Sie unter:
www.elke-gulden.de

www.herder.de

Umschlaggestaltung:
Schwarzwaldmädel, Simonswald
Umschlagmotiv: Beate Mizdalski, Hamburg
Layout, Satz und Gestaltung:
Weiß-Freiburg GmbH – Graphik & Buchgestaltung

Illustrationen S. 11, 17, 21, 27, 33, 35, 39, 45, 51, 57, 63, 69, 75, 80, 81, 94 u. 95: Fabienne Rieger, Rheinfelden
Alle weiteren Illustrationen: Susanne Bochem, Mainz
Fotos S. 40/41: Bettina Scheer
Lektorat: Pia Haferkorn, Freiburg

Herstellung:
GRASPO CZ, Zlín

Gedruckt auf umweltfreundlichem, chlorfrei gebleichtem Papier
Printed in the Czech Republic

ISBN 978-3-451-32360-7

Inhalt

Vorwort

Dieses Buch richtet sich in erster Linie an Erzieherinnen und Erzieher in Kindertageseinrichtungen, aber auch an alle anderen Lehrkräfte, die mit Kindern musikalisch und motorisch arbeiten, sei es in der musikalischen Früherziehung, im Kinderturnen oder im Hort. Es enthält 13 musikalische Bewegungsgeschichten, die alle als Element einer Bewegungsstunde, einer Musik-Einheit oder auch „einfach nur so“ eingesetzt werden können. Benötigt wird lediglich ein CD-Spieler zum Abspielen der beiliegenden CD.

Anders als bei reinen Bewegungsgeschichten, werden hier alle Erzählmotive, die die Kinder motorisch umsetzen, auch musikalisch begleitet. So sind aus Bewegungsgeschichten eigentlich kleine „Tanzgeschichten“ geworden, in denen die Verbindung von Musik, Sprache und Bewegung im Vordergrund steht: Die Musik charakterisiert den Inhalt der Geschichte und unterstützt die Bewegungsabläufe. Diese Verbindung spricht die Wahrnehmung der Kinder ganzheitlich an und fördert ihre Entwicklung auf vielfältige Weise.

Musikalische Bewegungsgeschichten holen die Kinder dort ab, wo sie stehen und erfordern keinerlei Vorkenntnisse seitens der Lehrkräfte. Sie greifen die Liebe der Kinder zu Geschichten auf und ebenso ihre Neigung, diese spielerisch umzusetzen. Gleichzeitig tragen sie ihrem natürlichen Bewegungsdrang Rechnung. Dabei haben wir darauf geachtet, dass dieses Buch alle Bewegungsfähigkeiten, die Kinder bis zu ihrer Einschulung erlernt haben sollten, vermittelt.

Wir arbeiten bereits seit Jahren erfolgreich mit unseren „Tanzgeschichten“ und können uneingeschränkt sagen, dass sie von den Kindern heiß und innig geliebt werden. Es ist insbesondere die Musik, die die Kinder dabei motiviert, sodass sie danach Bewegungsgeschichten ohne Musik in der Regel »total langweilig« (Sina, 4 Jahre) oder »voll uncool« (Marco, 5 Jahre) finden. Probieren Sie es aus – die Kinder brauchen keine langen Erklärungen. Einfach erzählen, Musik an und los geht's!

Wir wünschen Ihnen und Ihren Kindern wunderschöne Bewegungseinheiten mit vielen spannenden Geschichten.

Herzlichst Ihre

Elke Jalden Bettina Ahrens

Los geht's!

Alle Geschichten in diesem Buch können sofort und ohne große Vorbereitung umgesetzt werden. Jede von ihnen entführt die Kinder in eine andere kleine Welt. Diese Reise lässt sich meist ganz einfach mit ein paar Kleinigkeiten visualisieren. So lieben es die Kinder z. B. bei der Geschichte „Die Schatzsuche“, wenn tatsächlich eine Schatzkiste vorhanden ist, aus der nacheinander die einzelnen Kostbarkeiten zum Vorschein kommen. Wo immer es sich anbietet, finden Sie daher im Anschluss an die Erzähltexte kleine Tipps zu ergänzenden Materialien.

Zu jeder Geschichte gibt es außerdem einen Mal-Impuls als Kopiervorlage sowie ergänzende Anregungen, z. B. Lieder, Spiele, Reime und Basteleien, mit denen Sie eine Einheit beginnen oder beenden oder das Thema weiter kreativ umsetzen können.

Wenn Sie eine Geschichte vorlesen, zeigt Ihnen das Start-Symbol im fortlaufenden Text an, wann Sie die jeweilige Tracknummer anwählen, um eine bestimmte Szene aus der Geschichte musikalisch zu untermalen. Eine dazu passende Bewegung ist am Textrand als Skizze dargestellt. In der tabellarischen Übersicht unter der Geschichte finden Sie noch einmal alle Bewegungsskizzen und die dazugehörigen Tracknummern mit einer kurzen Beschreibung der Bewegungsabläufe.

Die Übersichtstabelle kann auch als „Spickzettel“ dienen, wenn Sie Geschichten frei erzählen. Sowohl die angegebenen Bewegungen als auch der Inhalt der Geschichten sind jederzeit variabel. Sie finden deshalb im Anhang ab Seite 82 zwei alphabetische Auflistungen, in denen Sie einmal nach Erzählmotiven und einmal nach Bewegungsformen gezielt suchen können. Die beiden Tabellen möchten explizit dazu einladen, eigene Geschichten mit den Kindern zu entwickeln.

Die kleine Eisenbahn

Heute möchte ich Euch die Geschichte der kleinen Eisenbahn erzählen. Sie besaß viele schöne Waggons und diese Waggons wurden von einer kleinen wunderschönen Dampflokomotive gezogen. Getauft war die kleine Eisenbahn auf den Namen 17-70. Sie hieß 17-70, weil sie die 17. Lokomotive war, die für ihren Bahnhof Marienberg auf Strecke ging und weil sie als ausgewachsene Eisenbahn einmal genau 70 Fahrgäste würde befördern können. Die kleine Eisenbahn fuhr tagein tagaus ihre Fahrgäste von Marienberg nach Marienburg und wieder zurück. Jeden Tag fuhr sie die gleiche Strecke: Marienberg – Marienburg – Marienberg, Marienberg – Marienburg – Marienberg, Marienberg – Marienburg – Marienberg usw. Jeden Tag! Und das nun schon seit 5 Jahren! Eines Morgens wachte die kleine Eisenbahn 17-70 auf und fand, dass sie mittlerweile gar nicht mehr so klein war. Bestimmt kann jeder verstehen, dass sie nun langsam auch einmal eine andere Strecke fahren wollte. Aber immer, wenn sie ihren Lokomotivführer fragte, antwortete dieser: »Du musst noch etwas Geduld haben. Du bist noch sehr klein. Warte noch ein paar Jahre, dann fahren wir gemeinsam in die große weite Welt hinaus.«

Aber die Eisenbahn 17-70 wollte nicht mehr warten. So beschloss sie eines Tages, alleine **loszufahren***, um endlich selbst all das zu sehen, wovon die großen Züge ihr schon so viel erzählt hatten. **(▶ 1)**

Sie fuhr über Berge und durch Täler, vorbei an Wiesen und Wäldern, Flüssen und Seen. Sie nahm zahlreiche Kurven und hinter einer sehr scharfen Linkskurve sah sie plötzlich das **Land der Vulkane** liegen. Sie hielt an und staunte über die Landschaft. Sie sah große und kleine Vulkane, breite und spitze Vulkane. Einige, die ruhig warteten und andere, die in einem fort ihre Magma aus sich herausspuckten. Ein kleiner Vulkan war wohl noch am üben, denn sein Magma wollte nicht so recht aus ihm herausfließen. Er spuckte und spuckte, aber das Magma gewann nicht die richtige Höhe. Doch da, auf einmal klappte es. Sein Magma schoss in einem schönen runden Bogen heraus und floss als Lava an seinem Hang herunter. **(▶ 2)**

Die kleine Eisenbahn 17-70 freute sich mit dem Vulkan, ließ ihren schönsten Eisenbahnpfiff ertönen und setzte ihre Fahrt fort.

Als nächstes fuhr sie durch eine herrliche **Tropfsteinhöhle**. Erstaunt über deren Schönheit hielt sie an und sah sich um. Sie genoss die Höhlenatmosphäre und erfreute sich an den ab und zu herunterfallenden Wassertropfen. Es klang so schön, wenn diese auf den Höhlenboden trafen. (▶3)

Nach einer Weile wurde es jedoch Zeit zum Weiterfahren. Sie war gespannt, was sie noch alles sehen würde.

Doch als sie den nächsten Berg erklommen hatte, erschrak die kleine Eisenbahn fürchterlich. Unter ihr lag das **Tal der Drachen**. Große und kleine Drachen, grüne und graue Drachen lebten dort und spien Feuer. (▶4)

Das war ihr nicht geheuer. Sie hatte tatsächlich ein kleines bisschen Angst, obwohl sie das vor den großen Zügen zu Hause niemals zugegeben hätte. Sie schaute sich nach allen Seiten um. Als sie sicher war, dass kein anderer Zug sie beobachtete, legte sie den **Rückwärtsgang** ein und fuhr zurück zur letzten Weiche. Von dort aus ging es dann wieder vorwärts. Aber dieses Mal nahm sie den Weg, der sie sicher um das Tal der Drachen herumführte. (▶5)

Die kleine Eisenbahn atmete erleichtert auf, als sie schon nach kurzer Zeit die Drachen nicht mehr hören und sehen konnte. Stattdessen lag jetzt eine **Wüstenlandschaft** vor ihr. Viele Kamele vergnügten sich dort. Sie liefen durch den warmen Sand und spielten miteinander. (▶6)

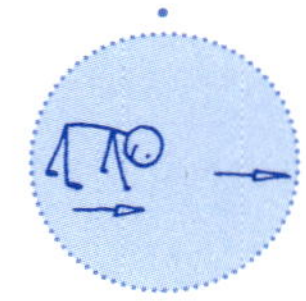

Das gefiel der Lokomotive schon viel besser. Sie sah den Tieren eine Weile zu, dann fuhr sie weiter.

Auf der anderen Seite der Wüste lag die **Stadt der Winde**. Hier lebten alle Winde zusammen – angefangen beim kleinen Pustewind bis hin zum großen Wirbelsturm. Es pustete, blies und stürmte an jeder Ecke. (▶7)

Die kleine Eisenbahn 17-70 hielt ihre Waggons ganz fest und zog sie sicher durch die Stadt hindurch. »Das wäre geschafft«, stellte sie ein wenig erleichtert fest, als sie die Stadtgrenze auf der anderen Seite passierte. Und dann beschloss sie, erst einmal wieder nach Hause zu fahren: »Das war wirklich alles sehr aufregend heute. Aber nun geht's erst einmal wieder nach Hause. Und wenn ich ganz ehrlich bin, freue ich mich auch schon auf morgen, wenn ich wieder meine eigene Strecke von Marienberg nach Marienburg und zurück fahren darf.«

*** Variante:**

Falls es anfangs für die Kindergruppe noch zu schwierig ist, sich komplett als Zug aufzustellen und gemeinsam zu fahren, können sich auch zunächst nur jeweils 2–3 Kinder zur

Eisenbahn formieren und durch die Lande ziehen. Eine weitere Variante ist, dass jedes Kind den Zug alleine mit entsprechenden Armbewegungen (Oberarme an den Körper anlegen, Unterarme anwinkeln und gegengleich kreisen) darstellt.

Die kleine Eisenbahn

Track	Motiv	Umsetzung	Skizze
1	**Die kleine Eisenbahn fährt**	Die Kinder stehen in einer Reihe, an Schultern oder Hüfte gefasst. Sie „fahren“ auf unterschiedlichen Wegen durch den Raum.	
2	**Land der Vulkane**	Sprünge mit geschlossenen Beinen aus der Hocke in unterschiedlichen Höhen	
3	**Tropfsteinhöhle**	Die Kinder stehen im Zehenballenstand verteilt im Raum; Wenn ein „Tropfen“ zu hören ist, die Fersen auf den Boden absenken und sofort wieder in den Zehenballenstand gehen. Arme sind seitlich in Schulterhöhe ausgestreckt, Handinnenflächen zeigen nach unten.	
4	**Tal der Drachen**	Ein Fuß hinten, ein Fuß vorne, das Gewicht liegt zunächst auf dem hinteren Fuß. Fäuste seitlich an den Mund legen. Beim Geräusch des Feuerspeiens die Arme schnell gerade nach vorne strecken und die Finger spreizen, dabei das Gewicht auf den vorderen Fuß verlagern.	
5	**Rückwärtsgang**	Der Kinderzug fährt ein Stück rückwärts, danach wieder vorwärts.	
6	**Wüstenlandschaft**	Kamelgang (Vierfüßlergang): Hände und Füße sind auf dem Boden; gleichzeitig rechten Arm und rechtes Bein nach vorn setzen, dann gleichzeitig linken Arm und linkes Bein nach vorne setzen.	
7	**Stadt der Winde**	Kreiseldrehen in unterschiedlichen Geschwindigkeiten: Arme über den Kopf strecken (bei Vorschulkindern: Handinnenflächen aneinanderlegen), Richtungswechsel.	

Durch welche Landschaft fährt deine Eisenbahn?

Klatschspiel: Die Eisenbahn

Aufstellung:

Alle Kinder (es wird eine gerade Anzahl von Mitspielern benötigt) stehen in einem großen Kreis, der in zwei Hälften geteilt wird. Die Kinder der einen Seite des Kreises drehen sich nach rechts, die Kinder der anderen Seite drehen sich nach links. Alle Kinder stehen jetzt hintereinander. An einer Stelle stehen sich jetzt jedoch zwei Kinder gegenüber. Auf der anderen Seite stehen 2 Kinder Rücken an Rücken.

So geht's:

Alle Kinder sprechen folgenden Spruch:

Die Eisenbahn fährt tschu, tschu, tschu,
holt alle Kinder ab im Nu.

Hierzu führen die beiden sich gegenüberstehenden Kinder folgende Klatschsequenz aus:

Die	**Ei-**	**sen-**	**bahn**	**fährt**	**tschu**	**tschu**	**tschu**
Pause	↓↓	↓↓	→←	→←	↑↑	↑↑	→←

holt	**al-**	**le**	**Kin-**	**der**	**ab**	**im**	**Nu.**
→←	↓↓	↓↓	→←	→←	↑↑	↑↑	→←

↓↓	**auf die eigenen Oberschenkel patschen**
→←	**in Brusthöhe in die eigenen Hände klatschen**
↑↑	**in Schulterhöhe gegen die Hände des Gegenübers klatschen**

Alle anderen Kinder klatschen ebenfalls mit. Da sie aber keinen gegenüberstehenden Partner haben, gegen dessen Hände sie hier klatschen könnten, schnipsen sie an diesen Stellen in der Luft.

Am Ende des Spruchs, also nach „*Nu*“, drehen sich die beiden klatschenden Kinder um 180° (halbe Drehung), so dass jedes Kind einen neuen Partner hat, mit dem es gemeinsam klatscht. Am Ende des Spruches drehen sich jetzt diese 4 Kinder um 180°. Jetzt stehen sich 3 Kinderpaare gegenüber. Das Spiel wird solange wiederholt, bis alle Kinder „abgeholt“ wurden und nun jedes Kind ein Gegenüber hat.

Die Schatztruhe

Es waren einmal viele kleine Piraten, die lebten auf einem riesigen Piratenschiff. Sie **segelten** das ganze Jahr **über das** große, weite **Meer** und träumten davon, irgendwann einmal einen großen Schatz zu finden. Eines Tages, es war der 27. August, glitten sie mit ihrem Schiff wieder über die Wellen. Der Wind blies ein wenig und ihr Schiff schaukelte sanft hin und her. Plötzlich entdeckten sie eine Insel in der Ferne, die immer größer wurde, je näher sie kamen. Sie beschlossen, sich die Insel anzusehen und brachten ihr Schiff auf den dafür richtigen Kurs. **(▶ 8)**

umhergehen

Armbewegung Kistendeckel öffnen

Als sie vor der Insel ankamen, warfen sie den Anker ins Wasser und gingen an Land. Langsam **erkundeten sie die Insel**. Einer der Piraten war bereits zu einer kleinen Palmengruppe vorgelaufen, als er plötzlich ganz aufgeregt rief: »Kommt mal her! – Schnell! Ich habe einen Schatz gefunden!« Seine Freunde rannten zu ihm und ihr könnt euch ihr Erstaunen vorstellen, als sie tatsächlich eine kleine Schatzkiste auf dem Boden stehen sahen. Gemeinsam trugen sie die Kiste zu ihrem Schiff und öffneten neugierig den **Deckel**, um zu sehen was sich darin befand. **(▶ 9)**

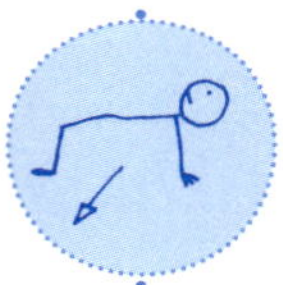

Als erstes fanden sie einen kleinen **Aufziehkrebs**. An seiner Seite steckte ein kleiner Schlüssel. Sie drehten ihn ein paar Mal herum und schon wanderte das kleine Tier seitlich über den Holzboden. **(▶ 10)**

Die Piraten lachten und warfen einen erneuten Blick in die Truhe. Dieses Mal zogen sie einen kleinen **Holzkreisel** heraus, der wunderschön rechts herum kreiselte, sobald er angedreht wurde. Plötzlich hielt ein kleiner Pirat den Kreisel an und drehte ihn noch einmal an. Dieses Mal jedoch in die andere Richtung. **(▶ 11)**

Der Kapitän spähte wieder in die Schatzkiste und zog eine alte **Sanduhr** heraus. Die Piraten drehten das Gefäß immer wieder herum und beobachteten, wie der Sand von oben nach unten durch das Glas rieselte. **(▶ 12)**

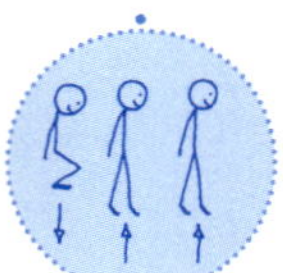

Doch in der Schatzkiste war noch mehr. Stellt euch vor: Sie fanden sogar einen **Tanzschuh**. Er gehörte bestimmt einmal einer Prinzessin, denn er war aus rosa Seide und überall mit kleinen Glitzersteinen besetzt. Die Piraten stellten sich vor, wie die Prinzessin den Schuh trug und mit ihm durch einen großen goldenen Ballsaal tanzte. **(▶ 13)**

Jetzt lag nur noch ein Gegenstand in der Schatztruhe: es war eine kleine **Kerze**. Da es mittlerweile schon dunkel geworden war, zündeten die Piraten die Kerze sogleich an und erfreuten sich an ihrer Flamme. Aber leider war die Kerze schon ziemlich heruntergebrannt und so pusteten sie sie schnell wieder aus. (▶ 14)

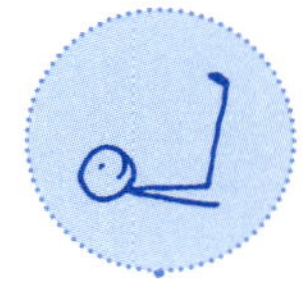

Armbewegung
Deckel schließen

Schließlich wurden alle Schätze wieder in die Truhe zurückgelegt und ihr **Deckel** sorgfältig geschlossen.

Die Piraten verstauten die Truhe sorgfältig auf ihrem Schiff und **segelten** dann wieder auf das offene Meer hinaus. (▶ 15)

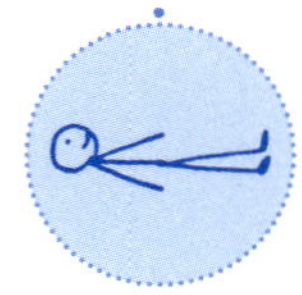

In dieser Nacht **träumten** alle von ihrem großartigen Schatzfund, auf den jeder kleine Pirat sehr, sehr stolz war. (▶ 16)

Kreisspiel: Die Schatztruhe

So geht's:
Alle Kinder stehen in einem großen Kreis. Gemeinsam mit der Erzieherin sprechen sie die Verse und führen die passenden Bewegungen dazu aus.

Der Wind bläst rau, gibt keine Ruh', die Segel hissen wir im Nu.	Unterarme kreisen umeinander an einem imaginären Seil ziehen
So segeln wir im Abendrot auf unserem Piratenboot.	breitbeinig stehen, das Gewicht seitlich von einem auf das andere Bein verlagern, Arme in Schulterhöhe ausstrecken
Wir schaukeln ganz arg hin und her, mit Wellengang auf weitem Meer.	sich stärker hin- und herbewegen
Es wirbelt uns jetzt ganz schön rum,	sich um die eigene Achse drehen
doch wir besitzen sehr viel Mumm.	8 Schritte vorwärts gehen
Drum nehmen wir 'nen Ankerplatz und suchen weiter einen Schatz.	Fersensitz, Oberkörper auf die Oberschenkel legen; Handkante an die Stirn legen und suchend umherschauen
Da plötzlich, völlig ungewohnt, werd'n wir mit Gold dafür belohnt.	Fersensitz, mit den Händen das Funkeln darstellen; sich gegenseitig auf die Schultern klopfen
Wir feiern, singen, tanzen, lachen – so lange, bis die Planken krachen.	mit einem Satz aufspringen und alle Körperteile ausschütteln

Die Schatztruhe

Track	Motiv	Umsetzung	Skizze
8	**Schiff segelt übers Meer**	Breitbeinig stehen, Gewicht von einem auf das andere Bein verlagern.	
9	**Inselerkundung und Öffnen der Schatztruhe**	Einige Schritte umhergehen, dann entsprechende Armbewegung ausführen.	
10	**Krebs**	Krebsgang (siehe S. 87)	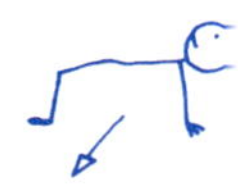
11	**Holzkreisel rechts – links**	Die Kinder drehen sich im Zehenballenstand und halten die Arme kreisförmig über ihrem Kopf.	
12	**Sanduhr**	Zehenballenstand, Arme lang nach oben gestreckt, dann in sich zusammensinken	
13	**Tanzschuh**	Im Walzerschritt durch den Raum tanzen: Tief–hoch–hoch, d.h. den ersten Schritt im Knie abgesenkt, die beiden folgenden Schritte im Zehenballenstand.	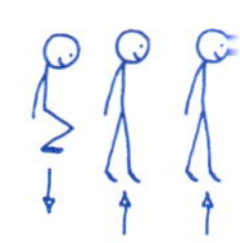
14	**Kerze**	Kerze: Rückenlage, Beine nach oben in die Luft strecken (bei jüngeren Kindern bleibt der Po am Boden). Die Erzieherin tippt leicht die Beine an, die Kinder lassen diese langsam zu Boden gleiten.	
15	**Deckel schließen, Schiff segelt übers Meer**	Entsprechende Armbewegung ausführen, dann breitbeinig stehen, Gewicht von einem Bein auf das andere Bein verlagern.	
16	**träumen**	Die Kinder liegen auf dem Boden und genießen die Traummusik.	

Welche Schätze befinden sich in deiner Schatztruhe?

Der kleine freche Tintenklecks

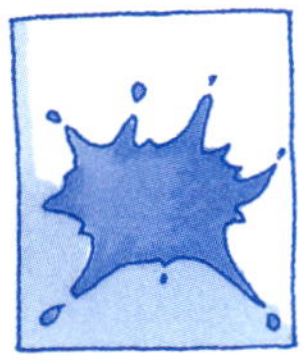

Heute möchte ich euch die Geschichte vom kleinen frechen Tintenklecks erzählen. Der Tintenklecks entstand im Deutschheft von Marius. Marius war damals in der 2. Klasse und durfte das allererste Mal seine Hausaufgaben mit einem Füller schreiben. Er war furchtbar stolz wie ihr euch vorstellen könnt. Aber mit einem Füller zu schreiben ist gar nicht so einfach, und so passierte es: Marius passte einen Moment lang nicht auf, und schon tropfte ein dicker Tropfen Tinte aus seinem Füller in sein Heft. Ganz schnell breitete er sich auf dem weißen Papier aus, und sofort entstand ein richtiger Tintenklecks. Marius fing an zu weinen, denn er durfte keinen Tintenlöscher verwenden und konnte den Klecks nicht aus seinem Heft entfernen. Seine Mama tröstete ihn und meinte, das sei nicht so schlimm. Und sie verriet ihm auch, dass dies jedem Kind schon einmal passiert ist. Außerdem war die Tinte zum Glück nicht direkt auf seine Hausaufgaben getropft. Dann malte seine Mama dem Tintenklecks noch mit einem roten Filzstift Augen, Nase und Mund. Jetzt sah er sogar richtig lustig aus – eigentlich sogar ein bisschen frech. Und wisst ihr was? Frech war der Tintenklecks auch!

Denn kaum hatte Marius sein Heft zugeklappt, da wurde es dem Tintenklecks zwischen den Seiten zu eng und er **sprang** aus dem Heft heraus. Er hüpfte durch Marius' Zimmer und sah, dass das Fenster offenstand. Er überlegte nicht lange und sprang sofort auf die Fensterbank. Von dort hüpfte er durch das Fenster in den Garten. Als er dort niemanden entdecken konnte, hopste er über das Gartentor hinaus auf die Straße und sprang auf dem Bürgersteig bis zur nächsten Straßenkreuzung. **(▶ 17)**

Dort blieb er stehen Er überlegte gerade, welchen Weg er nehmen sollte, als er auf der rechten Straßenseite eine **schicke Dame** entdeckte. Sie trug ein tolles Kostüm mit superschicken Schuhen, deren hohe Absätze auf dem Asphalt klackerten. Der Tintenklecks beobachtete die Dame einen Moment. Dann sprang er hinter ihr her und – unser Tintenklecks war wirklich ganz schön frech – wisst ihr, was er gemacht hat? Er sprang so hoch wie er nur konnte, hielt sich an ihrem Gürtel fest und dann hat er die schicke Dame gekitzelt! Sie musste so lachen, dass sie gar nicht mehr weiterlaufen konnte. Alle Leute drehten sich nach ihr um und schüttelten ihre Köpfe. **(▶ 18)**

Der Tintenklecks grinste. Dann sprang er wieder zurück auf die Straße, hüpfte weiter und suchte sich ein neues Opfer.

Gerade führte ihn sein Weg durch den Stadtpark. Auf einer **Parkbank** sah er einen **älteren Herrn** sitzen, der seine Zeitung las. Schnell sprang der Tintenklecks hinter die Bank und … – das ist wirklich unerhört – nein, eigentlich kann ich euch das gar nicht erzählen! Ihr wollt es wissen? Also gut, stellt euch vor, er hat tatsächlich den Herrn in den Po gepiekst! Der ist natürlich wie von der Tarantel gestochen aufgesprungen. (▶ 19)

Unglaublich, oder? Dann ist der freche Tintenklecks schnell weitergehüpft.

Auf einer anderen Bank traf der Tintenklecks auf zwei andere Menschen. Die beiden genossen sichtbar das schöne Wetter. Könnt ihr euch vorstellen, was der Tintenklecks jetzt getan hat? Nein? Hört zu, ich erzähle es euch: Er ist einfach hingegangen und hat ihnen die **Schnürsenkel zusammengebunden**. Könnt ihr euch vorstellen, wie lustig das war, als einer der beiden aufstehen und weitergehen wollte? Der Tintenklecks kringelte sich vor Lachen. (▶ 20)

Nun aber hatte er genug vom Park, und so hüpfte er zurück auf die Straße. Nach einiger Zeit kam er an einem großen Schaufenster vorbei, in dem viele Puppen standen. Er sprang in das Geschäft und krabbelte zu den **Puppen** ins Fenster. Er dachte sich: »Das ist doch ziemlich langweilig, den ganzen Tag nur so herumzustehen.« Kurzerhand zog er die Puppen auf, und diese fingen sofort an, sich zu drehen. Die Puppen freuten sich über die Bewegung. Zum Glück waren sie auch nicht so frech wie unser Tintenklecks. Sobald jemand am Fenster vorbeiging, blieben sie ganz schnell wieder wie angewurzelt stehen. (▶ 21)

Langsam wurde es dunkel und der kleine Tintenklecks machte sich auf den Nachhauseweg. Er sprang den ganzen Weg wieder zurück, und zum Glück stand auch noch das Fenster zu Marius' Zimmer offen. So konnte er ohne Probleme wieder ins Haus springen. Dann suchte er Marius' Deutschheft und machte sich ganz lang und dünn, so dass er zwischen den Seiten hindurch wieder **auf seinen Platz gleiten** konnte. (▶ 22)

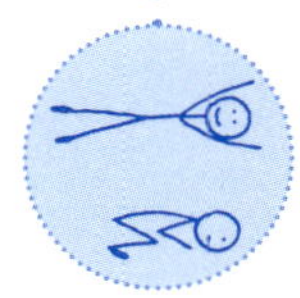

Material:

- Holzkochlöffel

Der kleine freche Tintenklecks

Track	Motiv	Umsetzung	Skizze
▶ 17	**Tintenklecks springt**	Mit geschlossenen Beinen in alle Richtungen durch den Raum springen.	
▶ 18	**schicke Dame geht und wird gekitzelt**	Kleine Schritte im Zehenballenstand, dabei die Füße gekreuzt voreinander setzen, Hüfte mitbewegen; eine Hand eingestützt, die andere angewinkelt in der Luft halten und eine imaginäre Tasche hin- und herbewegen. Die Erzieherin kitzelt die Kinder zwischendurch.	
▶ 19	**älterer Herr liest Zeitung** **Herr wird in den Po gepiekst**	Auf einem Bein stehen, das Knie des Standbeins ist gebeugt, der Fuß des Spielbeins liegt über dem Knie des Standbeins. Handinnenflächen in einigem Abstand vor den Augen halten (bei kleineren Kindern: Hände eingestützt). Die Erzieherin berührt den Po der Kinder kurz und sanft mit dem Stiel eines Holzkochlöffels. Die Kinder springen in die Luft und landen auf beiden Füßen, danach Standbeinwechsel.	
▶ 20	**Schnürsenkel zusammenbinden**	Paarweise nebeneinander durch den Raum gehen; dabei berühren sich die jeweils inneren Füße und Unterschenkel der beiden Kinder.	
▶ 21	**Schaufensterpuppen**	Die Kinder bewegen sich wild am Platz, die Erzieherin steht mit dem Rücken zu ihnen. Dreht sie sich um, »versteinern« alle Kinder.	
▶ 22	**zurück ins Heft gleiten**	Die Kinder liegen langgestreckt auf dem Rücken, Arme auf dem Boden über dem Kopf. Sie drehen sich auf die rechte Seite und ziehen Arme und Beine vor ihrem Bauch zusammen, danach strecken sie sich wieder lang auf dem Boden aus und drehen sich auf die linke Seite.	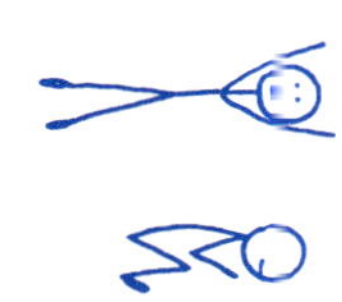

Wie sieht dein Tintenklecks aus?

Klatsch- und Fingerspiel: Tim Tintenklecks

Tim, der freche Tintenklecks zählt ganz laut von Eins bis Sechs:	im Metrum auf die eigenen Oberschenkel patschen
1 – 2 – 3 – 4 – 5 – 6	mit den Fingern laut zählen
Dann springt er aus dem Tintenfass, alle Kinder werden blass.	die Hände geschlossen vor den Körper nehmen und gleichzeitig alle Finger „aufspringen" lassen
Die Tinte spritzt in alle Ecken, überall gibt's blaue Flecken.	die Hände in kurzen, zackigen Bewegungen immer wieder öffnen und schließen; dabei die Position der Hände immer wieder verändern

Variante:
Der Vers kann auch als Bewegungsspiel umgesetzt werden. Hierzu sitzen die Kinder in der Hocke im Raum verteilt. Ab Zeile 6 springen sie dann quer durch den Raum.

Klecksbilder

Die Geschichte lädt auch zur Gestaltung eines symmetrischen Klecksbildes ein.

Material:
- weißes Papier
- flüssige Farbe, z. B. Wasserfarbe
- Pinsel
- wenn vorhanden: Tinte und Pipette

So geht's:
Zunächst wird das Papier in der Mitte senkrecht geknickt und wieder auseinandergefaltet.

Die eine Seite des Papiers wird mit flüssiger Farbe und/oder Tinte bemalt.

Anschließend wird das Blatt erneut an der gleichen Stelle gefaltet. Damit sich die Farbe gut verteilen kann, wird das Papier einmal mit der Hand bestrichen.

Wird das Papier nun wieder aufgefaltet, kann jeder das Ergebnis seines Klecksbildes bestaunen.

Wir malen Weiß auf Blau

Material:

- weißes Papier
- Tintenfass mit blauer Tinte
- Haarpinsel
- Tintenlöscher

So geht's:

Die Kinder tragen die Tinte mit dem Haarpinsel auf ein Blatt Papier auf. Sobald die Tinte getrocknet ist, zeichnen sie mit der Löschspitze des Tintenlöschers Muster in die Tinte.

Tipp:

Auf diese Weise können auch an Ostern ausgepustete weiße Eier einfach und effektvoll verziert werden.

Eine kleine Gespenstergruselgeschichte

In Irland kenne ich eine ganz alte Burg. Ich war bereits einige Male dort, denn tagsüber kann man diese Burg besichtigen. Ein sehr freundlicher **alter Herr** führt die Besucher durch das uralte Gemäuer. Obwohl auch er nicht mehr der Jüngste ist, schlurft der Mann immer noch jeden Tag durch die Gänge der Burg, dabei zieht er immer ein Bein nach. (▶ 23)

Ich glaube, er lebt in der Burg, obwohl das kaum vorstellbar ist. Es ist dort ziemlich kalt, denn viele Fensterscheiben sind kaputt. Selbst am Tag ist es düster. Deshalb flackern an den Wänden stets einige Kerzen. Das Besondere an ebendieser Burg ist, dass es dort spukt – jedenfalls erzählte mir das der alte Herr. Als er merkte, dass ich ihm nicht wirklich glaubte, überlegte er einen Moment. Dann führte er mich über viele Treppen und enge Gänge hinauf in die Spitze eines Burgturmes.

Ganz oben unter dem Dach dieser Burgspitze ließ mich der alte Burgwächter durch das Schlüsselloch in ein Turmzimmer blicken. Ich sah viele **Fledermäuse**, die dort ihre Flügel in Schwung hielten. Immer wieder schwangen sie ihre Flügel vor und zurück. Schließlich flogen sie eine nach der anderen durch das Fenster hinaus. Er fragte mich: »Haben Sie schon einmal Fledermäuse gesehen, die so ihre Flügel schwingen?« Ich schüttelte den Kopf und der alte Mann nickte wissend: »Es sind eben keine normalen Fledermäuse!« (▶ 24)

Wir gingen die steile Treppe wieder hinunter und durchquerten einen großen Rittersaal. Überall an den Wänden hingen **Bilder** von Rittern und Burgfrauen. Das Bild einer älteren Dame hing total schief. Ich ging darauf zu und rückte es gerade. Doch da verrutschte plötzlich das daneben hängende Bild eines Ritters. Nun rückte ich dieses gerade. Doch da verrutschte wieder das Bild der Dame. Der alte Burgwächter lächelte und erklärte: «Das sind die Bilder von Lady Serena und Sir Vernon. Lady Serena liebte Ritter John. Doch ihr Vater entschied, dass sie Sir Vernon heiraten musste. Da Lady Serena gegen den Willen ihres Vaters nichts ausrichten konnte, heiratete sie Sir Vernon, machte aber anschließend immer das Gegenteil von dem, was ihr Ehemann wollte – und dies tut sie bis heute, wie man sieht.« (▶ 25)

Da lief es mir kalt den Rücken hinunter. Es wurde mir aber noch ein wenig unheimlicher, als ich hörte, dass ein Teil der Burg als Schule für Gespensterkinder benutzt wurde. Natürlich sagte ich: »Ach Quatsch, es gibt keine Geister.« Da lud mich der alte Herr zur Übernachtung bei ihm ein. Schließlich sei heute Vollmond, sagte er, und vielleicht hätte ich Glück und bekäme einige Geister zu Gesicht. Nachdem ich so mutig aufgetreten war, konnte ich jetzt unmöglich einen Rückzieher machen und so nahm ich seine Einladung an.

Um Mitternacht begannen die Kerzen plötzlich wild zu flackern. Die Flammen gingen aus, und nur der Mond schien durch die Fenster. In einer Raumecke schob sich ein Bild zur Seite. Dahinter ging eine Tür auf, und nacheinander schwebten **kleine Gespenster** durch den Raum. Sie verschwanden durch das gegenüberliegende Fenster. Ich blickte ihnen nach und sah, wie sie ins Gewächshaus huschten, das im Garten stand. Dort versammelten sie sich in einem Kreis. (▶ 26)

Ich blickte in den Burggarten und sah eine schwarze Katze auf das Gewächshaus zuschleichen. Die Gespenster konnte ich nicht mehr sehen. »Wo sind sie hin?«, fragte ich. »Sie haben sich unsichtbar gemacht«, meinte der alte Herr, »wegen Nero, dem **schwarzen Kater**. Er passt auf, dass sich alle an die Regeln halten.« Nero schlich weiter umher. Ab und zu blieb er stehen, blickte sich um und machte einen hohen, runden Buckel. Er spürte, dass etwas nicht stimmte, konnte aber nichts entdecken. (▶ 27)
Schließlich entschied er sich, ins Schloss zurückzukehren.

Die Gespenster tauchten wieder auf und tuschelten miteinander. Plötzlich hörten sie Schritte. Schnell rasselten sie mit ihren **Ketten,** so laut sie nur konnten. (▶ 28)
Hastig entfernten sich die Schritte wieder.

Plötzlich tauchte eine **Mumie** im Gewächshaus auf. »Das ist Lehrerin Fakare«, erklärte mir der alte Mann. »Anscheinend hat Nero gemerkt, dass etwas nicht stimmt und hat gepetzt«. Ich beobachtete die Mumie, die langsam um das Gewächshaus herumging und schließlich die kleinen Gespenster erschreckte. (▶ 29)

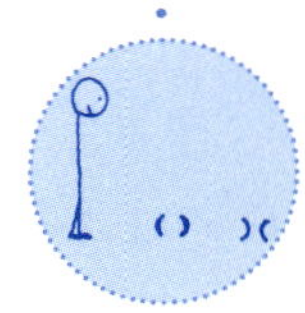

Sie schimpfte und jagte die **Gespenster** wieder **zurück in ihre Gemächer**. (▶ 26)

»Wie schade«, dachte ich. Der alte Burgwächter klopfte mir sanft auf die Schulter und deutete auf einen großen Holztisch. Darauf stand ein großer Kerzenleuchter, auf dem 88 Kerzen brannten. »Pusten Sie sie aus!«, forderte er mich auf. Ich sah ihn überrascht an. Dann aber holte ich tief Luft und tatsächlich gingen alle aus. Ich drehte mich fragend zu dem alten Mann um. Doch er deutete nur auf den Kerzenleuchter. Ich blickte noch einmal zurück und traute meinen Augen kaum: alle Kerzen brannten wieder. Ich schüttelte sprachlos den Kopf und lächelte. Dann verabschiedete ich mich freundlich, aber nicht ohne zu versichern, dass ich eines Tages wiederkommen würde.

Tipp:
Bringen Sie einige Zauberkerzen mit, die sich immer wieder selbst entzünden, sobald die Kinder sie ausgepustet haben.

Eine kleine Gespenstergruselgeschichte

Track	Motiv	Umsetzung	Skizze
23	**der alte Herr**	Durch den Raum schlurfen, dabei ein Bein hinter sich herziehen.	
24	**Fledermäuse**	Die Kinder stehen, Füße eng zusammen. Die Arme langgestreckt über dem Kopf halten, dann nach unten schwingen, dabei den Oberkörper mitnehmen und die Knie beugen. Die Arme hinter dem Rücken ausschwingen und diesen Ausschwung wieder für den Aufschwung nutzen.	
25	**2 Bilder**	Wippe: paarweise gegenüber, beide Hände gefasst, ein Kind sitzt in der Hocke, ein Kind steht. Beide wechseln gleichzeitig die Position vom Hocken zum Stehen und umgekehrt.	
26	**Kleine Gespenster**	Sitzkreis in einer Ecke, im Zehenballengang nacheinander in die Raummitte schweben; dabei Arme seitwärts gegengleich auf- und abbewegen. Alle ankommenden Kinder bilden einen geschlossenen Kreis und tanzen rechts herum. Jedes neu ankommende Gespenst wird in den Kreis aufgenommen.	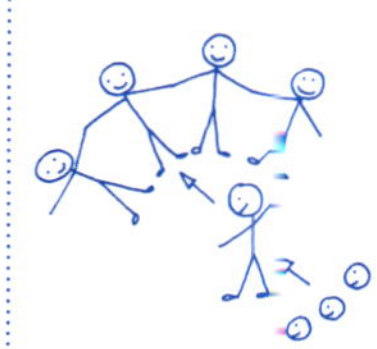
27	**schwarzer Kater**	Durch den Raum schleichen, dabei die Finger krallenartig bewegen. Auf das Musiksignal stehen bleiben, Hände auf die Knie legen, einen Buckel machen, Kinn auf die Brust legen.	
28	**Ketten rasseln**	Kinder stehen angefasst in einer Linie, Arme wild bewegen. Die Kinder bewegen sich dabei in der Linie vorwärts und rückwärts.	
29	**Mumie**	Mit steifen Beinen nacheinander auf der Ferse, der Fuß-Außen- und der Fuß-Innenkante gehen. Wechsel in der Musik beachten.	
26	**Kleine Gespenster**	s. o.	

Wie sieht deine Burg aus?

Lied oder Vers: Heute ist Gespensternacht

Text und Melodie: E. Gulden / B. Scheer

Heute ist Gespensternacht, *also nehmt euch all in Acht.*	alle sitzen im Kreis in der Hocke
Hört ihr, wie sie geistern: *Haa he hi ho ho ho huuu.*	eine Hand ans Ohr legen
Grade schweben sie im Kreis, *dabei sind sie all ganz leis.*	aufstehen, an den Händen gefasst im Kreis tanzen
Hört ihr wie sie geistern: *Haa he hi ho ho ho huuu.*	eine Hand ans Ohr legen
Schließlich schwärmen alle aus, *hu, was für ein Schreckensgraus.*	alle bewegen sich leise im Raum
Hört ihr wie sie geistern: *Haa he hi ho ho ho huuu.*	eine Hand ans Ohr legen
Alle geben sich die Hand, *tanzen aufgereiht durchs Land.*	alle bilden eine Reihe
Hört ihr wie sie geistern: *Haa he hi ho ho ho huuu.*	eine Hand ans Ohr legen
Doch jetzt ist der Morgen da, *Kinder, ruft ganz laut „Hurra!"* *Schluss ist jetzt mit geistern:* *Haa he hi ho ho ho huuu.*	wieder einen Kreis bilden, Arme nach oben strecken

Tipp:
In der Regel braucht es einen Moment, bis die Kinder sich zu einem Kreis oder einer Schlange zusammengefunden haben, besonders wenn das Lied für die Kinder noch neu ist. Es empfiehlt sich daher, die einzelnen Strophen zwei oder auch drei Mal hintereinander zu singen.

Gespensterfangen

Material:
- pro Kind 1 Taschenlampe mit weißem Lichtkegel
- 1 Taschenlampe mit rotem (oder andersfarbigem) Lichtkegel

So geht's:
1 Kind übernimmt die Rolle der Lehrerin Fakare und erhält die Taschenlampe mit dem roten Lichtkegel. Alle anderen Kinder spielen die kleinen Gespenster und lassen den Lichtkegel ihrer Taschenlampe über eine weiße Wand huschen. Lehrerin Fakare jagt die weißen Lichter mit ihrem roten Licht. Sobald sich dieses über ein Gespensterlicht gelegt hat, ist dieser Geist gefangen. Das betreffende Kind schaltet seine Taschenlampe aus. Wer sein Gespensterlicht am längsten behalten konnte, darf bei der nächsten Runde Gespensterfänger sein.

Estelle, die kleine Sternschnuppe

Habt ihr schon einmal eine Sternschnuppe gesehen? Sternschnuppen sind etwas Wunderschönes. Allerdings sieht man sie nur sehr selten. Aber wenn jemand eine Sternschnuppe sieht, darf er sich ganz schnell etwas wünschen. Dieser Wunsch geht dann auch meistens in Erfüllung, denn Sternschnuppen haben eine große Zauberkraft. Für eine Sternschnuppe ist es jedoch gar nicht so einfach, den richtigen Zeitpunkt abzupassen, wann sie sich vom Himmel fallen lassen muss. Auf der einen Seite muss sie von den Menschen oder Tieren gesehen werden, damit diese sich etwas wünschen können. Auf der anderen Seite dürfen es wiederum nicht zu viele Menschen oder Tiere sein, die sie bemerken, denn sonst gibt es zu viele Wünsche für eine einzige Sternschnuppe und sie kann nicht alle erfüllen.

Estelle ist noch eine ganz kleine Sternschnuppe. Sie ist erst 326 Jahre alt, was für eine Sternschnuppe noch sehr, sehr jung ist. Aber Estelle findet, dass sie bereits groß genug ist und auch schon ausreichend Kraft gesammelt hat, um die Wünsche der Erdbewohner erfüllen zu können. In den letzten Wochen hat sie nun hin- und her überlegt und gerechnet und wieder überlegt, welche Nacht wohl die richtige sei für ihren ersten Ausflug auf die Erde. Dabei fiel ihre Wahl immer wieder auf den 26. Juni. Egal von welcher Seite aus sie die Sache betrachtete – sie kam immer wieder auf das gleiche Datum. »Also los«, sagte sie sich und startete ihren ersten Flug. In einem großen Bogen flog sie auf die Erde nieder. Ihr Schweif leuchtete und leuchtete während des gesamten Fluges. Sanft landete sie auf einer weichen Wiese.

Ihr Flug war perfekt gewesen, aber – oh je! – niemand hatte sie gesehen. Sie hatte es genau gespürt. Niemand, kein einziger Mensch und auch nicht das kleinste Tier hatte Estelles Flug bewundert und sich etwas gewünscht. Estelle weinte herzzerreißend und **schlich traurig** über die Wiese. **(▶30)**

Hätte sie doch nur auf ihre Lehrer gehört. Alle hatten gesagt, sie sei noch zu klein. Aber sie hatte es doch gespürt! Sie war sich so sicher gewesen. Und ihr Flug hatte ja auch geklappt. Doch wie hatte sie sich nur so verrechnen können? Es war einfach die falsche Nacht gewesen. Estelle schluchzte laut.

»Warum weinst du?«, quakte es plötzlich vor Estelle und sie schaute auf. Vor ihr stand eine kleine **Ente**. Estelle setzte sich und klagte der Ente ihr Leid. »Hmm«, überlegte die

Ente »Sag mal, wenn du noch einmal ein kleines Stück fliegen würdest, sagen wir von einem hohen Berg hinunter und ich würde dich sehen und mir etwas wünschen, würde das dann immer noch in Erfüllung gehen?« Estelle nickte. »Ja, aber ich kenne keinen Berg hier, von dem ich mich fallen lassen könnte.« »Aber ich!«, sagte die Ente und watschelte los, »Komm mit!« **(▶31)**

»Wo geht's denn hin?«, hörten die beiden plötzlich eine dünne Stimme aus dem Gras. »Ah, du bist es, Jumpy. Was macht dein Bein?«, fragte die Ente und stellte dann der kleinen Sternschnuppe ihren Freund **Jumpy**, den **Grashüpfer** vor. Jumpy hatte sich letzte Woche bei einem Sprung von einem langen Grashalm auf einen anderen ein Bein gebrochen. »Na ja, es geht so«, antwortete der Grashüpfer, »ich wünschte, es ginge schneller mit der Heilung. Auf einem Bein hüpfen ist so anstrengend.« Da forderte ihn die Ente auf, sie und Estelle zu begleiten. Denn wenn er Estelle im Flug sah und seinen Wunsch wiederholte, würde er bestimmt in Erfüllung gehen. Das ließ sich Jumpy nicht zweimal sagen, und so hüpfte er mit den beiden mit. **(▶32)**

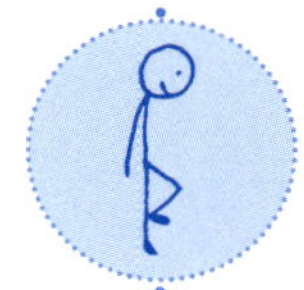

Als Nächstes trafen sie einen **Zwerghasen**. Als sie ihm ihr Vorhaben erklärten, sagte er: »Bald wird es hell und dann ist es zu spät. Folgt mir, ich kenne eine Abkürzung«. Und schon hoppelte er los. **(▶33)**

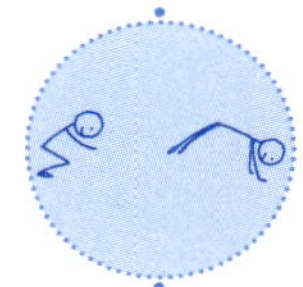

»Hey, wohin so eilig? Passt doch ein bisschen auf, wo ihr lang lauft«, beschwerte sich da eine kleine **Schnecke**. »Oh, entschuldige bitte, aber wir haben es furchtbar eilig«, antwortete der Hase und erklärte der Schnecke ihren Plan. »Wenn du Lust hast, komm doch mit. Krieche auf meinen Rücken und ich trage dich, sonst dauert es vielleicht ein bisschen zu lange.« Die Schnecke nickte und kroch, so schnell sie konnte, auf den Rücken des Hasen. **(▶34)**

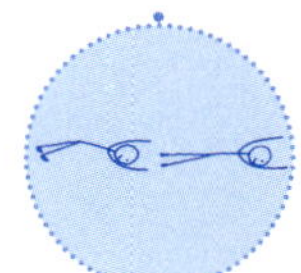

Nach einer Weile hielt er an. »So, hier sind wir. Den letzten Rest musst du allerdings alleine gehen.« Estelle nickte dankbar. »Vielen Dank für eure Hilfe. Ohne euch hätte ich das nie geschafft. Wenn ich oben bin warte ich noch 5 Minuten, bis ich losfliege. So habt ihr genug Zeit, euch einen Platz mit guter Sicht zu suchen.« Die anderen nickten. Dann verabschiedeten sich alle und Estelle ging alleine weiter.

Die Ente, der Grashüpfer, der Zwerghase und die Schnecke suchten jeder für sich einen schönen Platz zum **Ausruhen**. Als sie dann Estelles Flug sahen, wünschte sich jeder seinen Herzenswunsch. **(▶35)**

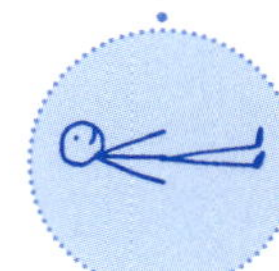

Was das war, kann ich euch natürlich nicht erzählen, denn sonst würden die Wünsche nicht in Erfüllung gehen. Aber ich kann euch verraten, dass Estelle bei ihrer Rückkehr nach Hause bewundernd von allen begrüßt wurde. Sie war die jüngste Sternschnuppe, die jemals erfolgreich zur Erde geflogen ist, und bestimmt könnt ihr euch vorstellen, wie stolz Estelle war.

Estelle, die kleine Sternschnuppe

Track	Motiv	Umsetzung	Skizze
30	**Estelle schleicht umher**	traurig durch den Raum schleichen; Kopf gesenkt, Schultern hängend, Gang schlurfend	
31	**Ente**	Entengang (Hockgang): In der Hocke gehen	
32	**Grashüpfer Jumpy**	Auf einem Bein durch den Raum springen – Sprungbeinwechsel.	
33	**Hase**	Hasenhüpfer: In der Hocke sitzen. Zuerst beide Arme gleichzeitig nach vorne stützen, dann gleichzeitig mit beiden Beinen hinterher springen.	
34	**Schnecke**	Schneckengang: Auf dem Bauch liegen, die Arme lang vor dem Kopf. Po nach oben ziehen, Arme nach vorne setzen, Oberkörper wieder lang nach vorne ziehen.	
35	**sich etwas wünschen und träumen**	Jedes Kind sucht sich einen Platz im Raum, legt sich hin und lauscht der Musik.	

Wie sieht dein Sternenhimmel aus?

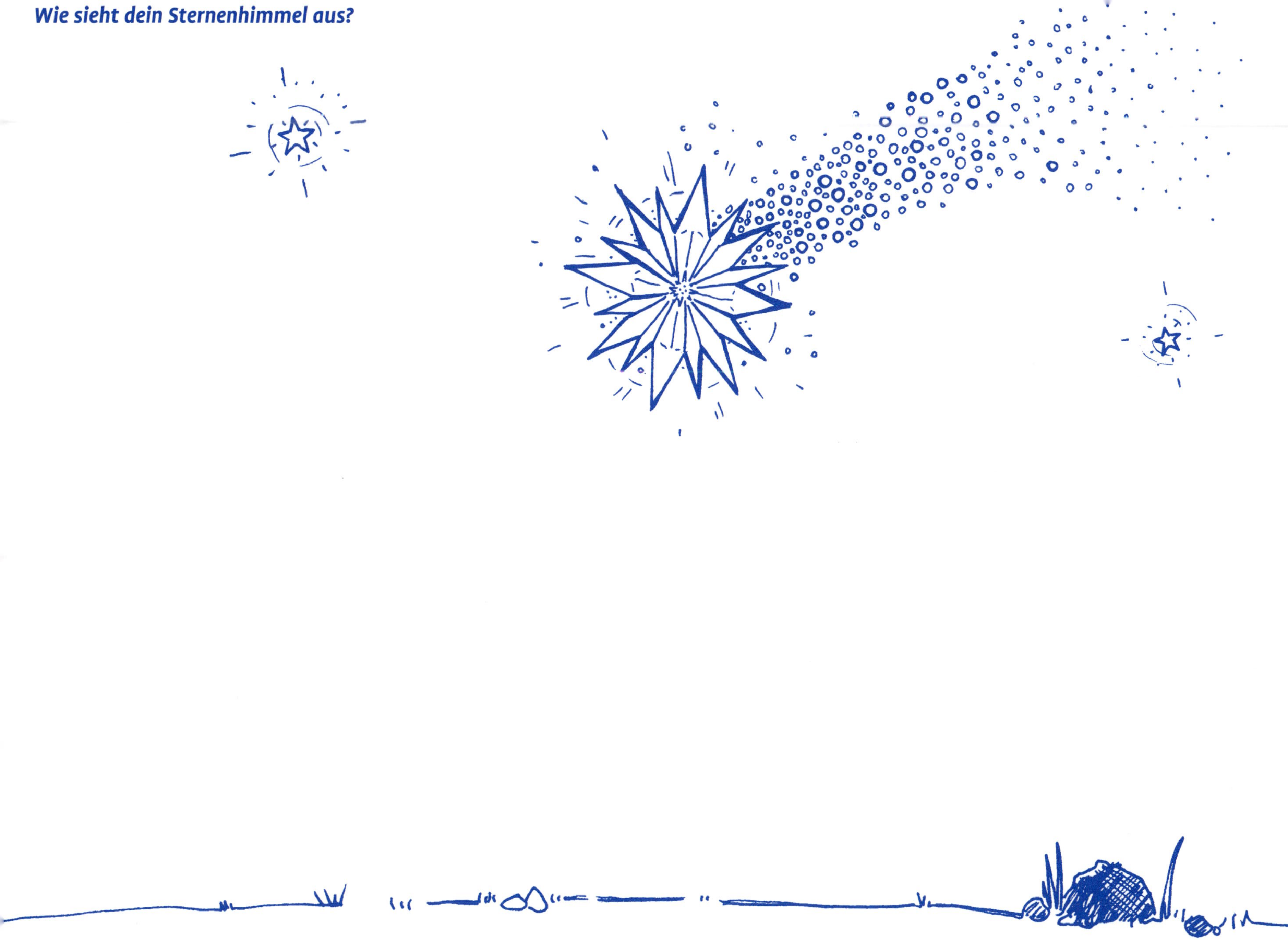

Lied: Estelle, die kleine Sternschnuppe

Text: E. Gulden / B. Scheer
Melodie: M. Stiehler, bearbeitet von E. Gulden / B. Scheer

Sterne stehen am Himmelszelt,
doch manchmal fällt einer auf uns're Welt.
Dann werden Träume wahr,
Wunder sind ganz plötzlich da.
Glaub es mir – es ist wahr,
glaub es mir – ist wunderbar.
Glaub es mir – es ist wahr,
glaub es mir – ist wunderbar.

Tipp:
Die Kinder können das Lied mit Glöckchen begleiten. Der zweite Liedteil kann auch mit einem Glockenspiel begleitet werden.

Basteltipp: Sternschnuppe

Material:

- blauer und gelber Tonkarton
- Musterbeutelklammern
- Schere und Cutter
- Klebstoff
- Aufkleber (Sterne, Mond, Glitter, Wolke usw.)

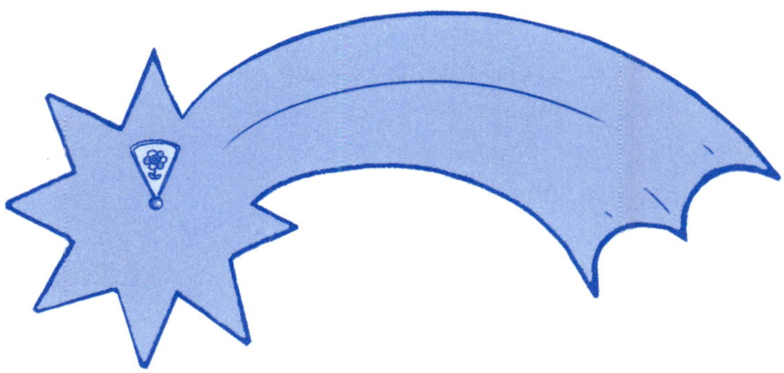

Vorbereitung:

Aus dem gelben Tonkarton wird für jedes Kind eine große Sternschnuppenform (Vorlage 1, s. S. 94/95) und ein weiterer Sternschnuppenkopf (Vorlage 2) ausgeschnitten. In den Sternenkopf wird mit dem Cutter oder dem Messer ein Fenster hineingeschnitten (ca. 5 mm vom Rand entfernt).

Aus dem blauen Tonkarton wird ein Kreis (Vorlage 3) für jedes Kind ausgeschnitten. Der Kreis muss etwas kleiner sein als der Kopf der Sternschnuppe ohne Zacken. In die Mitte des Kreises wird mit einem scharfen Messer ein kleiner Schnitt geritzt (ca 3 mm).

So geht's:

Jedes Kind klebt seine Aufkleber auf einer Seite des blauen Kreises in gleichmäßigen Abständen entlang des Kreisrandes auf. Mit Klebstoff befestigt dann jedes Kind seinen Kreis auf dem Sternschnuppenkopf und steckt anschließend 1 Musterbeutelklammer mittig hindurch. Währenddessen macht die Erzieherin mit dem Cuttermesser noch einen kleinen Schnitt in die Mitte der Sternschnuppe. Nun kann das Kind den Sternschnuppenkopf mit der Musterbeutelklammer auf die Sternschnuppe stecken und auf der Rückseite die beiden Klammerteile umknicken. Durch Drehen des oberen Kopfes zeigen sich jetzt im Fenster die zuvor angebrachten Aufkleber.

Im Garten des Maharadschas

Neulich erzählte mir mein Freund Akaya, er müsse wegen wichtiger Geschäfte für kurze Zeit nach Hause reisen. Akaya kommt aus Indien, und ich fragte ihn neugierig, wie es in seinem Land aussieht. Akaya überlegte einen kurzen Augenblick, dann fragte er mich, ob ich Lust hätte, ihn zu begleiten. Was für eine Frage – natürlich hatte ich Lust! So verabredeten wir uns für den darauffolgenden Tag. Pünktlich kam ich zu unserem Treffpunkt. Akaya war schon da und wartete auf mich. Vor ihm lag ein roter orientalischer Teppich. Er deutete darauf und sagte: »Komm, steig auf. Wir **fliegen** los!« Ich blickte ihn verwundert an, betrat aber mutig den Teppich. Und tatsächlich – der Teppich konnte wirklich fliegen. Wir flogen über Wiesen und Felder, Berge und Täler, über das Meer und über die Wüste. **(▶36)**

Schließlich landeten wir in dem schönsten Garten, den ich je gesehen hatte. »Der Garten gehört meinem Onkel, dem Maharadscha«, erklärte mir Akaya. »Am besten wartest du hier auf mich. Geh ein bisschen spazieren und sieh dich um.« Dann verschwand Akaya. Nun stand ich alleine im Garten des Maharadschas. Die schönsten Pflanzen in den prächtigsten Farben wuchsen hier, und es roch wunderbar süß nach vielen verschiedenen Früchten. Einige von ihnen hatte ich noch nie zuvor gesehen, doch ich erkannte Mangos, Orangen, Ananas, Papayas und auch Sternfrüchte. Auch einige Feigenbäume standen im Garten und Palmen, an denen Datteln wuchsen.

In einer Ecke des Gartens saß ein Schlangenbeschwörer. Er spielte eine hübsche Melodie auf einer kleinen Flöte und ließ eine **Schlange** dazu aus einem Korb tanzen. **(▶37)**

Eine Weile schaute ich den beiden bei ihrem Spiel zu, dann ging ich ein Stückchen weiter.

Zwei **Pfaue** fielen mir auf, die stolz durch den Garten schritten. Als sie mich sahen, schlugen sie ihre Federn zu einem Rad auf und sahen mich verheißungsvoll an. So, als ob sie von mir wissen wollten, wer von ihnen das schönere Rad schlagen könne. Ich lächelte sie an, und die Pfaue wiederholten ihren Radschlag einige Male. **(▶38)**

Ich ging weiter und sah drei wunderschöne **Elefanten**, die sich mit ihrem Rüssel gerade einige Bananen von einer Palme holten. Wieder musste ich lächeln. Von Bananen konnten die Elefanten bei mir zu Hause im Zoo nur träumen. Diese hier lebten wie im Paradies. Auf dem Rücken jedes Elefanten lag ein schöner bunter Teppich. Ich fragte mich, ob dies bedeutete, dass man auf ihnen reiten konnte. Da trat ein kleiner Junge auf mich zu, den ich vorher gar nicht bemerkt hatte. Er schien die Frage an meinen Augen abgelesen zu haben. Er fragte mich sofort, ob ich gerne auf einem von ihnen reiten würde. Ich nickte und schon kam Maritonga, der größte von ihnen, auf mich zugetrottet. Ich stieg auf, und Maritonga trabte mit mir los. **(▶39)**

Nach einer Weile bat ich Maritonga, mich wieder herunterzulassen, denn ich wollte gerne noch ein wenig zu Fuß durch den Garten spazieren. Und ihr werdet es nicht glauben: Der Elefant konnte mich verstehen und ließ mich sofort absteigen. Ich beschloss, langsam zurückzugehen. Dabei genoss ich den Anblick der vielen unterschiedlichen Grüntöne und der leuchtenden Farben der Blüten.

Immer wieder durchzogen auch kleine **Bäche** den Garten. Ihr Wasser war so klar, dass ich die vielen Fischchen sehen konnte, die in ihnen schwammen und spielten. Ich traute mich nicht, auch nur einen Fuß in einen Bach zu setzen, aus Angst, auf einen kleinen Fisch zu treten. Nach kurzer Überlegung entschied ich mich, über jeden Bach einfach mit einem großen Satz hinwegzuspringen. **(▶40)**

Kaum war ich wieder an meinem Ausgangspunkt angekommen, sah ich Akaya in Begleitung des Maharadschas, seiner Gattin und seiner 6 Töchter auf mich zukommen. Akaya stellte uns vor, und der **Maharadscha lud mich zum Tee ein**. Wir nahmen auf einem Teppich Platz. Allerdings gab es hier ein festes Sitzritual. Zunächst setzten wir uns auf die Unterschenkel und verbeugten uns vor dem Maharadscha, vor seiner Gattin und schließlich auch vor jeder seiner Töchter. Dann erst durften wir im Schneidersitz Platz nehmen. Dabei musste der Rücken ganz gerade sein und man musste ganz ruhig dasitzen. Für mich war das gar nicht so einfach, aber ich gab mir alle Mühe, um Akaya nicht zu enttäuschen. **(▶41)**

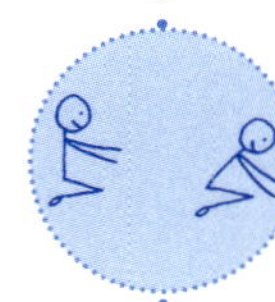

Am Ende verbeugten wir uns auf die gleiche Weise, wie bereits zu Beginn der Teezeremonie, vor dem Maharadscha, seiner Ehefrau und seinen Töchtern und ich bedankte mich natürlich noch vielmals für den schönen Aufenthalt.

Dann flog ich mit Akaya auf seinem **Teppich** wieder zurück nach Hause und dankte auch ihm dafür, dass ich ihn hatte begleiten dürfen. **(▶42)**

Im Garten des Maharadschas

Track	Motiv	Umsetzung	Skizze
36	**mit dem Teppich fliegen**	Standwaage: Auf einem Bein stehen; das Spielbein wird so hoch wie möglich lang nach hinten gestreckt; die Arme werden in Schulterhöhe seitlich ausgestreckt. Den Oberkörper ein wenig nach vorne neigen (Standbeinwechsel).	
37	**Schlange**	Z-Sitz: Auf dem Boden sitzen; ein Bein liegt angewinkelt vor dem Körper, das andere Bein angewinkelt dahinter. Arme schlangenförmig vor dem Körper auf- und abwärts führen.	
38	**Pfaue**	Pfauengang: im Zehenballengang stolzieren; Knie gestreckt lassen, dabei stolz nach rechts und links blicken – die Handaußenflächen liegen auf dem Po, die Ellenbogen sind angewinkelt. Auf Musiksignal einen Armkreis über dem Kopf bilden.	
39	**Elefanten**	Elefantengang: Durch den Raum stampfen; die rechte Hand fasst an die Nase, der linke Arm wird als »Rüssel« durch die Armbeuge hindurchgestreckt. Den »Rüssel« im Wechsel nach oben und unten bewegen.	
40	**über Bäche springen**	6 Schritte vorwärts laufen, dann einen Schrittsprung: von einem Bein abspringen, das Spielbein so lang wie möglich nach oben und vorne strecken, das Sprungbein lang nach hinten strecken.	
41	**Tee trinken mit dem Maharadscha**	Fersensitz: Auf den Unterschenkeln sitzen; Oberschenkel, Rücken und Kopf sind gerade. Dann mit dem Oberkörper verbeugen.	
36	**Mit dem Teppich zurück fliegen**	Standwaage (s. o.)	

Wie sieht dein fliegender Teppich aus?

Fadenspiel für Vorschulkinder

Material und Vorbereitung:

- 1 dicker Wollfaden pro Kind (Länge ca. 1 m)

Den Faden doppelt nehmen und die Enden verknoten

1. Wir fliegen mit dem Teppich

Beide Hände in den Fadenkreis stecken, dabei die Daumen außen vor lassen. Die Handinnenflächen zeigen zueinander. Der Fadenkreis ist gespannt. Den imaginären Teppich durch die Luft fliegen lassen.

2. Wir beobachten die Schlange, die sich aus dem Korb schlängelt

Daumen und Zeigefinger führen beide Fäden zusammen, so dass ein Fadenstrang entsteht. Der Faden bleibt gefasst. Daumen und Zeigefinger der rechten Hand legen sich auf die linke Hand. In kleinen Kreisbewegungen aus dem Handgelenk die rechte Hand nach oben und unten führen (Schlängelbewegung)

3. Wir springen über Bäche

Hände wieder waagerecht auseinanderführen. Daumen und Zeigefinger halten immer noch den Fadenstrang. Beide Hände näher zueinander führen und den Fadenstrang als Springseil schwingen.

4. Wir trinken Tee aus einer Teetasse

Rechten Daumen und Zeigefinger hinter den linken Daumen führen, so dass eine Schlaufe entsteht. Mit den Mittelfingern die gegenüberliegenden Fäden von hinten zur jeweiligen Seite ziehen. Beide Hände in einer halben Drehung vom Körper wegführen und das Teetrinken mit der imaginären Tasse simulieren.

5. Wir fliegen mit dem Teppich wieder nach Hause

Den Teil des Fadens, der von den Fingern gehalten wird, lösen. Die Hände auseinanderziehen und wieder mit dem Teppich nach Hause fliegen (Abb. s. o.)

Im Land der Elfen und Trolle

Ganz hoch oben im Norden Europas, dort, wo kaum ein Mensch jemals hinkommt, gibt es ein kleines Waldstück, in dem die Elfen und Trolle leben. Viele Menschen behaupten einfach, dass es weder Elfen noch Trolle gibt, weil sie noch nie welche gesehen haben. Aber das stimmt nicht. Es gibt sie! Nur zeigen sie sich den Menschen so gut wie nie. Dabei sind die Elfen den Menschen immer sehr wohl gesonnen und helfen ihnen, wo immer es nötig ist. Die meisten Trolle mögen die Menschen durchaus auch, sind aber in ihrer Art oft ganz schön frech. Ihnen sitzt immer der Schalk im Nacken und sie hecken stets irgendeinen Schabernack aus. Sie haben so viel Energie in ihren kleinen Körpern, dass sie ständig in Bewegung sind – zumindest nachts, denn tagsüber verstecken sich die Trolle in tiefen, dunklen Höhlen. Dies tun sie, weil sie mit der Sonne im Streit liegen. Es ist schon viele Jahre her, da spielten die Trolle der Sonne einen richtig bösen Streich. Was sie wirklich mit ihr gemacht haben, hat kein Mensch je erfahren. Aber es muss sehr schlimm gewesen sein, denn die Sonne ärgerte sich so sehr darüber, dass sie die Trolle nie mehr wieder sehen wollte. Und sie erklärte, wenn eine ihrer Strahlen jemals wieder auf einen Troll treffen sollte, dann werde dieser den Troll auf der Stelle versteinern. Seitdem passen die Trolle sehr gut auf, dass sie immer vor Sonnenaufgang wieder in ihren Höhlen sind.

Doch kaum ist die Sonne am Abend untergegangen, kommen die **Trolle** heraus und sind froh, sich wieder bewegen zu können. Als erstes recken und strecken sie sich und **machen sich fit für die Nacht**, indem sie wie ein Hampelmann* auf der Stelle springen. Kommt, macht mal mit! Mal sehen, ob ihr den Hampelmann auch so lange hüpfen könnt, wie die Trolle. (➲ 42)

Danach sind sie so richtig munter und vor allem die jungen Trolle **springen** dann rückwärts **durch den Wald** – vorwärts wäre ihnen viel zu langweilig. (➲ 43)

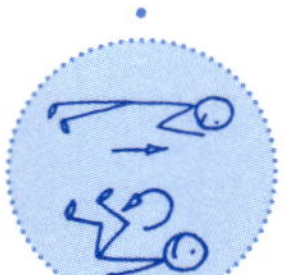

Dabei **halten sie** schon **Ausschau nach den Elfen**. Wenn sie sie rechtzeitig hören, legen sich die Trolle auf den Bauch und robben sich ganz langsam an sie heran. Denn sie sind sich nie ganz sicher, ob sie mit den Elfen spielen wollen oder sie doch lieber ärgern möchten. Also sind sie erst einmal leise, damit sie die Elfen noch ein wenig bei ihrem Spiel beobachten können. Haben sie die Elfen gefunden, **freuen sie sich** so arg, dass sie sich erst auf den Rücken legen und vor Freude mit den Beinen in der Luft Rad fahren. (➲ 44)

Oftmals spielen die **Elfen** auf einer kleinen Waldlichtung. Manchmal haben sie sogar ihre schönen Elfentücher dabei und **tanzen** in kleinen Gruppen. Das gefällt sogar den Trollen und sie schauen ihnen fasziniert zu. Elfen sind ganz zarte Wesen und bewegen sich sehr elegant und leicht. Es scheint fast, als ob sie über den Boden schweben würden. **(▶45)**

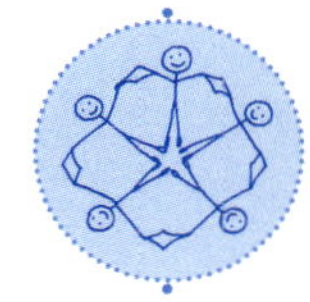

Manchmal tanzen sie auch alleine und **drehen** sich anmutig wie eine Ballerina **auf einem Bein**. **(▶46)**

Anschließend tippeln sie wieder über die Lichtung und schwingen ihre Arme und ihre Elfentücher elegant in einem Halbkreis durch die Luft. Dies ist das **Sonne-Mond-Ritual**. Halten die Elfen ihr Tuch dabei in der rechten Hand, verabschieden sie sich von der Sonne und bedanken sich bei ihr für den Tag. Wechseln sie das Tuch in ihre linke Hand, begrüßen sie damit den Mond und danken ihm, dass er ihnen nachts leuchtet. **(▶47)**

Manchmal spielen aber **Elfen und Trolle** auch gemeinsam und haben dabei viel Spaß zusammen. **(▶48)**

Die Trolle müssen jedoch Acht geben, dass sie vor Sonnenaufgang wieder in ihrer Höhle sind. Ihr wisst doch noch, was ihnen sonst widerfährt? Genau! Und manchmal passiert es noch heute, dass ein Troll zu spät **losläuft** und es nicht rechtzeitig bis nach Hause schafft. Trifft ihn dann der erste Sonnenstrahl, so bleibt er tatsächlich im Laufen **versteinert** stehen. Vielleicht habt ihr ja schon einmal im Wald einen kleinen Felsstein gesehen, der irgendwie so aussieht, als ob er dort gar nicht hingehören würde? **(▶39)**

Anmerkung:
Die Kinder, die den »Hampelmann« bereits sicher können, sollten eine Sprungvariante versuchen: Beine offen – Beine geschlossen, dabei einen Fuß vor dem anderen kreuzen. Eine weitere Variante ist: Beine offen – ein Fuß vorne, ein Fuß hinten.

Material:
- Tücher für die Elfen

Im Land der Elfen und Trolle

Track	Motiv	Umsetzung	Skizze
42	**Trolle machen sich fit**	Hampelmann (siehe S. 86)	
43	**Trolle springen**	Rückwärtssprünge mit geschlossenen Beinen	
44	**Trolle halten Ausschau**	Auf den Unterarmen vorwärts robben	
	Trolle freuen sich	Auf dem Rücken mit den Beinen in der Luft Rad fahren	
45	**Elfen tanzen**	Die Kinder tanzen in Kleingruppen im Kreis, dabei halten sie sich an den Tücherenden fest.	
46	**Elfen drehen sich**	Auf einem Bein im Zehenballenstand drehen; die Arme hängen lang nach unten, das Tuch in einer Hand halten.	
47	**Sonne-Mond-Ritual**	Im Zehenballenstand vorwärts trippeln, Arme dabei im Halbkreis über dem Kopf halten. Beim Musiksignal stehen bleiben und die Arme 4x im Halbkreis über die Seiten nach unten vor den Bauch und wieder nach oben führen. (Tuch in die andere Hand nehmen, Wdh.)	
48	**Elfen und Trolle spielen**	Zweiteilige Musik: Zum A-Teil stehen die Trolle in einer Raumecke, die Elfen gehen anmutig durch den Raum. Dabei halten sie das Tuch klein in den Händen, werfen es ab und zu in die Luft und fangen es wieder auf. B-Teil: Die Elfen stehen in einer Raumecke, die Trolle laufen schnell durch den Raum, dabei berühren die Fersen den Po.	
49	**Trolle laufen nach Hause und versteinern**	Schnell durch den Raum laufen; die Knie ganz hoch nehmen, beim Musiksignal sofort stehen bleiben und alle Muskeln anspannen.	

Kannst du die Trollhöhle in einem Wald verstecken?

Musikstoppspiel: Elfen und Trolle

Material:

- 1 CD-Spieler
- 1 Laufmusik, ca. 130-140 bpm
- 4 Reifen
- 1 Handtrommel
- Chiffontücher für die Hälfte der Kinder

Vorbereitung:

Je ein Reifen wird als Trollhöhle in eine Raumecke gelegt.
Die Kinder werden in zwei gleichgroße Gruppen (Elfen und Trolle) eingeteilt. Jede Elfe erhält ein Tuch.

So geht's:

Während die Musik spielt, laufen alle Kinder durch den Raum. Die Elfen schwingen dabei ihr Tuch.

Die Erzieherin spielt zu einem beliebigen und unerwarteten Zeitpunkt die Handtrommel, die den Sonnenaufgang signalisiert. Dabei werden zunächst 9 leise Schläge geschlagen, auf die ein lauter 10. Schlag folgt.

Während der leisen Schläge müssen die Trolle alle in eine Höhle laufen. Dabei müssen sich alle Körperteile der Trolle in den Reifen befinden.

Jeder Troll, der beim 10. Schlag noch nicht in eine Höhle zurückgefunden hat, bleibt für die nächste Runde versteinert im Raum stehen. Alle Elfen, die sich versehentlich in eine Höhle begeben haben, setzen für 1 Runde aus.

Nach mehreren Runden werden die Rollen getauscht.

Kleine Elfen und Trolle basteln

Material:

- Naturholzkugeln mit Bohrung
- weiße und pastellfarbene Kunstfedern
- waldgrüne und braune Kunstfedern
- 1 Filzstift
- durchsichtiger Dekorationsfaden
- evtl. 1 schöner Ast einer Korkenzieherhaselnuss

So geht's:

Auf jede Holzkugel wird mit dem Filzstift ein kleines Gesicht gezeichnet. Anschließend wird je eine Feder durch die Bohrung der Holzkugel gesteckt, so dass sie oben ein wenig herausschaut. Die weißen und pastellfarbenen Federn stellen die Elfen dar, während die grünen und braunen Federn die Trolle symbolisieren. Die Figuren können mit Hilfe des Dekorationsfadens aufgehängt werden, z. B. an einem schön gedrehten Ast einer Korkenzieherhaselnuss.

Im Land des Wassers

Kennt ihr das Land des Wassers? Jeder Wassertropfen entspringt diesem Land und kehrt auch immer wieder dorthin zurück, denn dort ist er aufgewachsen. Habt ihr Lust einmal zu sehen, was so ein kleiner Wassertropfen im Laufe seines Lebens alles lernen muss? Schön, dann kommt mit!
Um in das Land des Wassers zu gelangen, müssen wir durch einen großen Fluss schwimmen. Aber nicht irgendwie – nein, wir müssen hindurch**kraulen**. Könnt ihr kraulen? Dabei müssen wir die Arme nacheinander nach vorne kreisen. Ich mach es euch einmal vor. Alles klar? Dann los! Moment mal! Hat irgendjemand an Handtücher gedacht? Na egal, dann müssen wir uns eben **trockenschütteln**, wenn wir drüben angekommen sind. Also, dann los jetzt! **(50)**

Puuh, das war anstrengend! Hey, seht ihr die Wasserschule dort? Heute lernen die kleinen Tropfen das Regnen. Und das ist gar nicht so einfach, denn es gibt so viele unterschiedliche Arten von Regen. Es kann einfach nur ein bisschen **tröpfeln** oder es kann auch einen **Platzregen** geben. Dabei regnet es so stark, dass die Regentropfen gar nicht auf dem Boden liegen bleiben, sondern gleich wieder wegspringen. Beinahe so wie auf einem Trampolin – das finden die kleinen Wassertropfen natürlich besonders lustig. **(51)**

Aber sie lernen auch, es **hageln** zu lassen. Dabei müssen sich die Wassertropfen in kleine Eiskörner verwandeln. Das müssen sie lange üben – aber wenn sie es können, macht es ihnen einen Riesenspaß. Hört mal, wie laut das klingt. **(52)**

Oh, schaut mal! Dort haben sich viele Wassertropfen zu einem Fluss versammelt. Ich glaube, sie üben grade einen **Strudel**. Uiuiuihhh, die Tropfen drehen sich aber ganz schön wild! **(53)**

Und was machen die Wassertropfen dort oben auf dem Berg? Sie fallen als wunderschöne **Schneeflocken** vom Himmel. Sie tanzen richtig in der Luft! **(54)**

Aber was ist denn das? Auf der Tür dort steht »Strudelwasserschule für Fortgeschrittene«. Sollen wir mal durchs Schlüsselloch schauen? Na, so was! Hier lernen die Tropfen tatsächlich, wie es in einer **Waschmaschine** zugeht! **(55)**

Und was ist das für ein Geräusch? Das kenne ich doch. Wenn mich nicht alles täuscht, ist das eine **Toilettenspülung**. Unglaublich! Seht nur! (▶56)

Oh je! Es ist schon spät geworden. Kommt, wir **kraulen zurück**. Diesmal müssen wir die Arme rückwärts kreisen lassen und nicht vergessen: Wenn ihr drüben seid, **schüttelt** euch, bis ihr richtig **trocken** seid! (▶50)

Im Land des Wassers

Track	Motiv	Umsetzung	Skizze
▶ 50	**kraulen** **trockenschütteln**	Arme in einer Kraulbewegung vorwärts kreisen Am Platz mit dem ganzen Körper zappeln	
▶ 51	**tröpfeln** **Platzregen**	Wechselhüpfer (s. S. XX) bei jedem Tropfgeräusch; Mit geschlossenen Beinen durch den Raum springen	
▶ 52	**Hagel**	Mit geschlossenen Beinen nach oben springen, in der Hocke landen und mit den Fingerknöcheln 4x auf den Boden klopfen	
▶ 52	**Strudel**	Kreiseldrehen: sich um die eigene Achse drehen, die Arme mal seitwärts wegstrecken, mal überkreuz auf die Brust legen	
▶ 53	**Schnee**	Die Kinder tanzen frei durch den Raum.	
▶ 54	**Waschmaschine**	Auf dem Boden sitzen und sich auf dem Po um die eigene Achse drehen	
▶ 55	**Toilettenspülung**	Im Zehenballenstand stehen, Arme senkrecht über den Kopf strecken; beim Musiksignal schnell in die Hocke fallen, dabei die Arme mit nach unten nehmen; langsam wieder in die Ausgangsposition aufrichten	
▶ 50	**rückwärts kraulen** **trockenschütteln**	Arme rückwärts kreisen Am Platz mit dem ganzen Körper zappeln	

Bewegungsparcours: Im Land des Wassers

Vorbereitung:

Im Bewegungsraum werden die Stationen 1,2 und 4-6 aufgebaut

1 Auf einer Seite des Raumes zwei Langbänke hintereinander aufstellen.

2 In einer Raumecke Tischtennisbälle in einen umgedrehten Kasten legen.

4 In einer weiteren Ecke zwei Weichbodenmatten so aneinanderlegen, dass diese sich ca. 1 m überlappen.

5 In einen Reifen Chiffontücher legen, 1 pro Kind.

6 Vor eine Sprossenwand Matten legen.

So geht's:

Alle Kinder durchlaufen gemeinsam die Stationen.

1. Station: Flussüberquerung

Die Kinder legen sich mit dem Bauch auf die Langbank und ziehen sich mit den Armen nach vorne.

2. Station: Regentropfen

Die Tischtennisbälle auf den Boden fallen lassen und wieder auffangen (Handwechsel).

3. Station: Hagelkörner

Von der zweiten zur vierten Station mit geschlossenen Beinen springen.

4. Station: Strudel

Von der oberen auf die untere Matte Purzelbäume schlagen.

5. Station: Schneeflocken

Die Chiffontücher nach oben werfen und auf angesagten Körperteilen landen lassen, z.B. Fuß, Ellenbogen, Kopf, ...

6. Station: Toilettenspülung

Die Kinder klettern die Sprossenwand nach oben und springen auf die Matten herunter.

7. Station: Waschmaschine

Die Kinder liegen mit ausgestrecktem und angespanntem Körper auf dem Boden und rollen über die Seiten durch den Raum.

Was muss bei dir ganz dringend in die Waschmaschine?

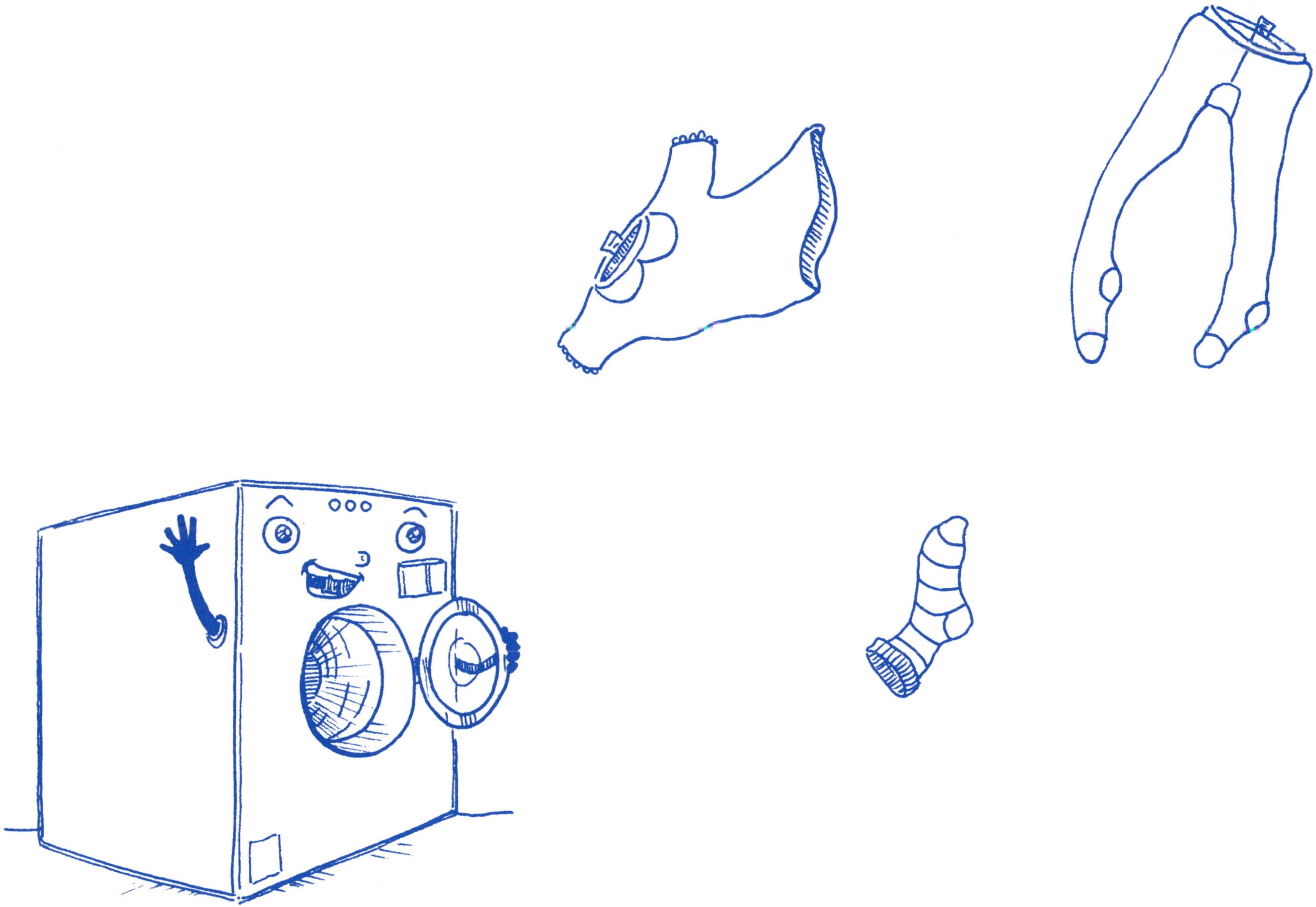

Im Zauberladen

Gestern habe ich zufällig ein kleines Geschäft entdeckt. Es liegt ganz versteckt in einer winzigen Gasse – wenn man nicht weiß, dass es dort ist, findet man es kaum. Wenn ihr wollt, erzähle ich euch davon, denn es ist kein gewöhnliches Geschäft. Es ist ein Zauberladen. Das Licht ist dort ganz schummrig, und der ganze Laden ist mit Zauberartikeln bestückt. Überall liegen Sachen herum, vom Fußboden bis zur Decke, und man kann sich kaum umdrehen, so viele Dinge gibt es dort. Zunächst konnte ich gar keinen Verkäufer entdecken. Doch dann schwebte plötzlich ein Hut vor mein Gesicht und sagte:

»Ich bin der Hut Perdun,
was kann ich für euch tun?«

Ich schluckte und stotterte: »Hm, ich weiß nicht recht. Ich bin nur durch Zufall hier.« Und dann fragte ich mutig: »Darf ich mich ein wenig umschauen?« Der Hut Perdun antwortete freundlich:

»Natürlich, sicher, selbstverständlich!
Ich zeige mich sehr gern erkenntlich.
Lasst mich euch ein wenig führen,
das kostet nicht einmal Gebühren.«

Ich nickte und folgte dem Hut, der vor mir herschwebte, vorsichtig durch die Gänge. Vor einem hohen Regal blieb der Hut in der Luft stehen. Er nahm eine große Kristallkugel herunter und reichte sie mir. Ihr Glas war nicht so klar, wie man sich normalerweise eine Kristallkugel vorstellt. Eigentlich war es eher milchig, fast weiß. Perdun sagte:

»Reibt mit eurer linken Hand
drei Mal um die Wolkenwand.«

Gesagt, getan! Ich rieb drei Mal über die Kristallkugel, und plötzlich wurde das Glas der Kugel ganz klar. Ich beugte mich nach vorne und sah hinein. Und wisst ihr, was ich in der Kugel sehen konnte? Ich sah ganz viele **Pinguine**, die die ganze Zeit hin- und herwatschelten und – was besonders lustig war – sie verbeugten sich immerzu voreinander. Das sah so lustig aus, dass ich laut lachen musste. **(▶57)**

Das Bild verschwand wieder. Der Hut lächelte auch, dann sagte er:

»Nun reibt mit eurer rechten Hand
drei Mal um die Wolkenwand«

Neugierig geworden rieb ich nun mit der rechten Hand drei Mal über die Kristallkugel. Wieder beugte ich mich nach vorne und sah in das Glas hinein – erneut musste ich lauthals lachen. Ihr könnt euch nicht vorstellen, was mir die Kugel zeigte: In ihr waren lauter **Gebisse** zu sehen, die alle durcheinanderhüpften. Immer wieder sprangen sie in alle Richtungen und klappten dabei auf und zu. Sie schienen regelrecht auf der Flucht vor irgendetwas zu sein. Und dann plötzlich erkannte ich auch den Grund dafür: Stellt euch vor, sie wurden tatsächlich von langen Zahnbürsten verfolgt, die versuchten, sie zu fangen, um sie zu bürsten. Ich schaute der Jagd eine Weile zu und amüsierte mich köstlich über die Zahnbürsten, denen es einfach nicht gelingen wollte, die Gebisse zu fangen. **(▶58)**

Perdun schwebte bereits einen Gang weiter, und ich folgte ihm neugierig. Vor einem Regal mit Zauberstäben blieb er stehen. Er deutete auf einen unauffälligen schwarzen Zauberstab und flüsterte:

»Aus dick mach dünn, aus eins mach zwei,
dann mache mir 'ne Strickerei.«

Da verwandelte sich der Zauberstab in zwei **Stricknadeln** und strickte mir in Sekundenschnelle eine schöne neue blaue Weste. **(▶59)**

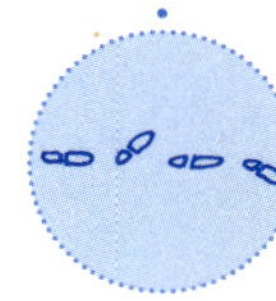

Ich staunte nicht schlecht. Vor allem, als mir Perdun die Jacke reichte und sagte, dass ich sie behalten könne. Sie sei ein Geschenk des Hauses, meinte er. Dann schwebte er schon wieder um die Ecke und ich lief schnell hinterher.

Aus einem Regal nahm Perdun ein Paar **rote Lackschuhe**. Er hielt sie mir hin, und ich zog sie an. Zunächst dachte ich, sie seien mir viel zu groß. Doch kaum hatte ich sie an den Füßen, zogen sie sich auf meine Schuhgröße zusammen. Sie passten wie angegossen. Dann hörte ich wieder Perdun:

»Zeigt, was ihr könnt und lauft, lauft, lauft,
dann werdet ihr auch mal gekauft.«

Und schon liefen die Schuhe mit mir los. Ich konnte gar nichts machen. Manchmal schrie ich: »Halt, ich kann nicht mehr!« Dann hielten die Schuhe für einen Moment an, und ich konnte kurz durchschnaufen. Doch kaum hatte ich drei Atemzüge getan, ging der Lauf weiter. **(▶ 60)**
Ich überlegte fieberhaft, wie ich die Schuhe zum Stehen bringen konnte. Da fiel mir ein, dass Perdun immer in Reimen sprach und ich versuchte es mit:

»Lauft nur noch ein kleines Stück,
und bringt mich zu Perdun zurück.«

Und tatsächlich – es klappte. Die Schuhe brachten mich zurück und hielten vor Perdun an. Der Hut lachte und lachte, während ich völlig außer Puste war. Perdun sagte:

»Mein Freund, verzeihet mir den kleinen Scherz,
doch so ein Scherz am Tag belebt das Herz.«

Ich lachte ebenfalls und fragte ihn, wozu das kleine blaue Kästchen mit den goldenen Buchstaben diente, das ich in einem dicken Buch entdeckt hatte. Perdun lächelte geheimnisvoll und nahm das Kästchen in die Hand.

»Dose auf und Skribifaxene –
verwandel Kinder in Erwachsene.«

»Wirklich?«, fragte ich ungläubig. Perdun nickte, nahm langsam den Deckel ab und reichte mir das Kästchen. Und tatsächlich: Als ich einen Blick hineinwarf, sah ich, dass sich alle Kinder wie **Erwachsene** benahmen. Überall standen sie zu zweit oder dritt zusammen und quasselten und quasselten. Sobald sich eine Kleingruppe auflöste und die kleinen Erwachsenen weitergingen, blieben sie gleich an der nächsten Ecke wieder zusammen stehen und quasselten und quasselten und quasselten. **(▶ 61)**
Ach nein, das war nicht sehr erstrebenswert. Erwachsene, die viel redeten und nichts sagten, hatten wir schon genug auf der Welt. Ich stellte das Kästchen lieber wieder zurück.

Jetzt fiel mein Blick auf ein grünes Tuch. »Was ist denn das?«, fragte ich Perdun.

»Dreht es zwei Mal in der Luft,
dann riecht ihr tollen Partyduft.«

Gesagt, getan: Ich drehte das Tuch zwei Mal und schon stand ich inmitten einer **Gummibärchenparty**. Hier gab es Gummibärchen in allen Formen und Farben. Musik ertönte von der Gummibärchen-Bigband, und alle tanzten durch den großen Ballsaal. Wow! Da war was los, kann ich euch sagen. (▶ 62)

Gerne wäre ich noch ein wenig geblieben, aber Perdun nahm mir das Tuch aus der Hand und fragte höflich:

»Kann ich noch was für euch tun?
Sonst würd' ich gerne etwas ruh'n.«

Ich hatte ein etwas schlechtes Gewissen, weil Perdun mich die ganze Zeit herumgeführt und mir so viele Sachen gezeigt hatte. Auch die Strickjacke hatte er mir geschenkt. So entschloss ich mich zumindest zum Kauf eines kleinen Zaubertricks, den ich euch heute sogar mitgebracht habe. Wollt ihr ihn sehen? (s. S. 58/59)

Im Zauberladen

Track	Motiv	Umsetzung	Skizze
▶ 57	**Pinguine**	Pinguingang: Arme dicht am Körper halten, die Hände sind seitwärts ausgestellt, Watschelgang.	
▶ 58	**Gebisse**	Froschhüpfen: Aus der Hocke in die Hocke springen, die Hände berühren bei Start und Landung den Boden.	
▶ 59	**Stricknadeln**	Kreuzschritt: Mit dem rechten Fuß einen Schritt seitwärts gehen, den linken Fuß vor dem rechten kreuzen. Mit dem rechten Fuß einen Schritt seitwärts, den linken Fuß hinter dem rechten kreuzen. (8x, dann Richtungswechsel)	
▶ 60	**Lackschuhe**	So schnell wie möglich durch den Raum gehen (nicht rennen); bei Musiksignal stehenbleiben.	
▶ 61	**Erwachsene**	Zu zweit oder zu dritt zusammenstehen, dabei den linken Ellenbogen angewinkelt an die Taille legen, das Kinn auf die linke Hand aufstützen. Rechte Hand auf den linken Ellenbogen legen, dabei »blablabla« reden. Beim Musikwechsel gehen alle durch den Raum, bis sich wieder Kleingruppen zum »bla-bla« zusammenfinden.	
▶ 62	**Gummibärchenparty**	Seitgalopp: Jeweils 2 Kinder „galoppieren“ an den Händen gefasst mit Seitnachstellhüpfern durch den Raum.	

Was sieht der Zauberer in seiner großen Kristallkugel?

Zwei leichte Zaubertricks zum Vorführen und Nachmachen

Kartentrick

Material:

- 1 Quartettspiel, z. B. Tiere oder Autos

So geht's:

1 Die Karten werden vor den Augen der Zuschauer gemischt.

2 Das Kartenspiel wird, mit dem Rücken nach oben, aufgefächert. Ein Kind wird gebeten, eine Karte herauszuziehen und sich das Motiv der Karte gut zu merken.

3 Die Karte wird wieder in das Spiel zurückgesteckt und die Karten werden erneut gemischt.

4 Der Zauberer legt nun sehr konzentriert die Karten nacheinander offen auf den Tisch. Sobald er die gesuchte Karte gefunden hat, zeigt er sie seinem verblüfften Publikum.

Der Trick:

Der Trick wird mit einem normalen Kartenspiel durchgeführt. Der Zauberer muss jedoch darauf achten, dass die Motive der Karten des verwendeten Spiels alle in eine Richtung zeigen. Während sich das Kind nun die gezogene Karte ansieht, dreht der Zauberer die Karten in seiner Hand um 180°, also um eine halbe Drehung, herum. Nun ist es einfach die gesuchte Karte zu finden: es ist diejenige, deren Motiv als einzige in eine andere Richtung zeigt.

Büroklammertrick

Material:

- 20 Büroklammern
- 1 Briefumschlag

So geht's:

1 Der Zauberer zeigt den Kindern den leeren Briefumschlag. Mit der anderen Hand werden die 10 einzelnen Büroklammern in den Umschlag gegeben.

2 Nun wird der Umschlag zugeklebt und ein wenig geschaukelt und geschüttelt. Währenddessen wird folgender Zauberspruch dazu gesprochen:

»Eene, meene, eins, zwei, drei,
das ist wirklich Hexerei,
alle Klammern sind zu Gange,
bilden eine lange Schlange!«

3 Jetzt wird der Briefumschlag auf den Kopf gestellt und die vormals untere rechte Ecke aufgerissen. Langsam zieht der Zauberer die Büroklammern-Schlange hervor.

Der Trick:

Als Vorbereitung auf den Trick werden 10 Büroklammern als Schlange ineinander gehangen und ganz unten längs in den Briefumschlag gelegt. Die erste Büroklammer wird mit einem kleinen Stück Tesafilm in der unteren rechten Ecke des Umschlags befestigt. Während der Zauberer den Kindern den vermeintlich leeren Umschlag zeigt, hält er diesen unten längs fest, so dass sich auch ein Großteil der Schlange in seiner Hand befindet.

Reise um die Welt

Gestern Nachmittag habe ich auf dem Dachboden ein sehr altes und dickes Buch gefunden. Es ist in Leder eingebunden und richtig schwer. Die Buchstaben auf den Seiten sind zum Teil schon ganz verblasst. Abends im Bett habe ich natürlich gleich darin gelesen. Das Buch erzählt von vielen alten Geheimnissen und Ritualen.
Ein Kapitel fand ich ganz besonders spannend:

Bewegungen wie beschrieben ausführen

Es beschreibt ein Ritual, das es ermöglicht, von einem Moment auf den nächsten in einem anderen Land zu sein. Wollt ihr einmal ausprobieren, ob wir das zusammen können? Alleine funktioniert es nämlich nicht. In dem Buch steht, wir müssen einen **Kreis bilden,** der ganz fest geschlossen ist. Nun haltet euch ganz fest und geht 4 *Schritte in die Mitte.* Jetzt lassen wir uns los und *jeder springt hoch und dreht sich dabei halb herum.* Dann stehen wir alle mit dem Rücken zueinander. Jetzt gehen wir noch einmal 4 *Schritte vorwärts* und **springen** wieder *mit einer halben Drehung zurück*, sodass wir uns wieder ansehen können. Nun muss jeder *2x in die Hände klatschen*, dann *hineinpusten* und **kräftig reiben**. Anschließend malen wir *mit den Armen eine »Sonne«* in die Luft. Danach schließen wir die Augen und sagen leise: »Ti crio sao ach mari go«* (58)

Die Bewegungen zur Musik ausführen

So! Jetzt sollten wir eigentlich woanders sein. Hm – aber es hat wohl noch nicht geklappt. Kommt, wir probieren es noch einmal. Gebt euch wieder die Hände: **(▶ 63)**

4 Schritte in die Mitte, loslassen, Sprung mit halber Drehung, 4 Schritte nach vorn, Sprung mit halber Drehung, 2x klatschen, 2x pusten, Hände reiben, Sonne, Augen schließen und leise den Spruch aufsagen: »Ti crio sao ach mari go«! Und...

Wow! So wie es hier ausschaut, sind wir wohl in **Mexiko** gelandet und das auch noch zur Zeit des Wilden Westens. Wir sind ja plötzlich alle Cowboys – jippiehjippiehhei! Kommt, wir reiten durch die Prärie! **(▶ 64)**

Puh, ich bin ganz schön außer Puste. Und vom Staub, den unsere Pferde aufgewirbelt haben, hab ich auch genug. Sollen wir noch mal woanders hinreisen? Kommt, wir bilden noch einmal einen Kreis: **(▶ 65)** 4 Schritte in die Mitte, loslassen, ...

Ja, das ist ja wirklich unglaublich: mit einem Satz sind wir in **Afrika!** Seht doch nur, wie

**Frei abgewandelt von einem irischen Sprichwort: »Thig crioch air an t-saoghal ach mairidh gaol is ceòl« (Wird die Welt auch vergehen, die Liebe und die Musik bleiben bestehen.)*

schön die Gesichter der Einwohner angemalt sind. Und sie tanzen und klatschen zu ihren Rhythmen. **(▶ 65)**

mit Klang-Gesten (patschen, stampfen, klatschen, ...) frei im Raum bewegen

Faszinierend, findet ihr nicht? Aber ich glaube, wir sollten weiterziehen. Ich habe das Gefühl, sie wollen nicht so gerne gestört werden. Kommt, wir geben uns noch mal die Hände: **(▶ 63)** 4 Schritte in die Mitte, ...

Uih, diesmal sind wir in **China**. Lauter kleine Chinesen laufen hier herum. Wie höflich sie sind. Immer wieder verbeugen sie sich. Ich denke, wir sollten das auch tun. Wir wollen doch keine unhöflichen Leute sein, oder? **(▶ 66)**

So, aber jetzt reicht's. Immer nur verbeugen, verbeugen, verbeugen... Kommt, woanders auf der Welt ist es auch schön. Lasst uns wieder einen Kreis bilden: **(▶ 63)** 4 Schritte in die Mitte, ...

Das hier sieht nach **Russland** aus. Hier wird wohl gerade eine tolle Party gefeiert. Kommt, wir tanzen mit. **(▶ 67)**

Mann oh Mann, ich kann nicht mehr. Kommt wieder zusammen und lasst uns nach Hause gehen: **(▶ 63)** 4 Schritte in die Mitte, ...

Oh, das hier klingt aber nicht nach Deutschland. Wir sind zwar wieder in Europa, aber ich glaube, es klingt nach **Polen**. Na ja, wo wir schon mal da sind, könnten wir ja vielleicht lernen, wie man Polka tanzt. **(▶ 68)**

Nett hier, aber jetzt müssen wir wirklich nach Hause. Also, alle wieder in den Kreis: **(▶ 63)** 4 Schritte in die Mitte, loslassen, ...

Hmm, die Landschaft sieht schon so ähnlich aus wie zu Hause, aber so ganz richtig ist das hier auch noch nicht. Ah, da hinten steht es ja: **Österreich**! Na, das ist doch so gut wie zu Hause. **(▶ 69)**

Ich glaube, für den Rest des Weges brauchen wir unser Ritual nicht mehr. Jetzt können wir auch nach Hause laufen...

Tipp:

Führen Sie die Bewegungen zu dem Spruch zunächst ohne Musik ein und spielen Sie die Melodie erst in der 2. oder 3. Stunde dazu.

Noch ein Tipp:

Den Kindern bereitet es besondere Freude, wenn etwas Landestypisches in der Kreismitte liegt, wenn sie ihre Augen wieder öffnen, z. B.:

Mexico: 1 Cowboyhut, Seile für den Pferdchenhüpfer (wird zu zweit ausgeführt)
Afrika: Schminkfarben, Rhythmusinstrumente, Baströckchen
China: Chinesenhut (leicht aus einem Karton-Halbkreis zu basteln)
Russland: Matroschka (russ. Holzpuppe)
Polen: bunte Kopftücher
Österreich: Schürze(n) und Hosenträger

Wenn genügend Gegenstände für alle da sind, z. B. Schürzen und Hosenträger oder gebastelte Chinesenhüte, können diese von den Kindern angezogen werden. Ansonsten wird einfach ein Gegenstand symbolisch in die Mitte gelegt.

Reise um die Welt

Track	Motiv	Umsetzung	Skizze
63	**Ritual**	4 Schritte in die Mitte, loslassen, Sprung, ½ Drehung; 4 Schritte nach vorn, Sprung, ½ Drehung; 2x klatschen, 2x pusten, Hände reiben, Sonne, Augen zu: »Ti crio sao ach mari go!«	
64	**Mexiko**	Pferdchenhüpfer (s. S. 88)	
65	**Afrika**	Mit Klanggesten frei im Raum bewegen.	
66	**China**	In einer Linie aufstellen: 4 Seit-Nachstellschritte nach rechts, 2 x verbeugen, Wdh. gegengleich. Jüngere Kinder: tippeln und sich voreinander verbeugen.	
67	**Russland**	Kasatschok (s. S. 86)	
68	**Polen**	Polka (s. S. 88)	
69	**Österreich**	Schuhplattler (s. S. 89)	

Wie sieht die Landschaft bei dir aus?

Lied: Um die ganze Welt

Text: E. Gulden / B. Scheer   Melodie: traditionell

So geht's:

Alle stellen sich im Kreis auf, die Hände sind nicht gefasst.

Wir laufen auf der Stelle
einmal um die ganze Welt.
Wir laufen immer weiter,
wohin es uns gefällt.

auf der Stelle gehen (diese Bewegung wird bis zum Ende des Liedes beibehalten)

La la la la la la la, la la la la la la la.
Wir laufen immer weiter, la la la la la la.

Wir wandern in den Alpen,
klettern hoch hinauf.
Wir laufen immer weiter,
wollen ganz hoch rauf.
La la la …

Auf den Zehenspitzen gehen; die Arme hochstrecken und Kletterbewegungen machen

Wir kommen nach Italien,
schwimmen im weiten Meer.
Wir laufen immer weiter,
Afrika, das lockt uns sehr.
La la la …

Schwimmbewegungen (Kraulen)

Wir sehen ganz viel Neues,
winken den Menschen zu.

Handkante über die Augen; abwechselnd nach rechts und nach links winken

Wir laufen immer weiter,
gehen bis nach Timbuktu.
La la la …

Wir rudern Richtung Westen
bis nach Südamerika.
Wir laufen immer weiter,
laufen bis nach Panama.
La la la …

Ruderbewegungen mit den Armen

Wir box'n uns durch bis Frisco,
sind in den USA.
Wir laufen immer weiter,
laufen bis nach Kanada.
La la la …

Arme abwechselnd nach vorne boxen

Wir fliegen mit dem Flugzeug
über den Ozean.
Wir laufen immer weiter,
landen jetzt in Taiwan.
La la la …

Flugbewegungen

Wir helfen Reis zu ernten,
da ist ganz viel zu tun.
Wir laufen immer weiter
und wollen noch nicht ruh'n.
La la la …

Arme abwechselnd nach unten strecken („ernten")

Jetzt fahr'n wir durch Australien
mit einem Bummelzug.
Wir laufen immer weiter,
und bekommen nie genug.
La la la …

Arme am Körper anwinkeln, Rollbewegungen ausführen

Tipp: Für die meisten Kindergartenkinder ist es schwierig, zwei unterschiedliche Bewegungen gleichzeitig auszuführen. Erinnern Sie die Kinder zwischendurch lachend daran, dass die Füße trotz der wechselnden Armbewegungen weiter am Platz gehen.

Robo Roboter

Ooh jeeh! Heute war wirklich nicht der Tag von Robo Roboter. Kennt ihr Robo eigentlich? Robo ist ein ganz netter und immer hilfsbereiter Roboter. Er ist sogar der hilfsbereiteste Roboter, den ich kenne. Wann immer irgendwo irgendetwas zu tun ist: Robo Roboter kommt sofort und hilft. Aber als Robo Roboter heute Morgen aufwachte, taten ihm seine Arme und Beine ganz schrecklich weh. Gestern hatte er ein paar Regentropfen abbekommen und anscheinend waren über Nacht ein paar Schrauben angerostet. **Robo** seufzte und **machte sich auf den Weg** zu seinem Arzt, Robo Doc, bevor es noch schlimmer wurde. (▶70)

Doch leider war Robo Doc gerade im Urlaub, und so ging Robo Roboter zu Robo Doc Junior. Robo Doc Junior war allerdings noch ziemlich jung und kannte sich mit den älteren Robotermodellen, zu denen auch Robo Roboter gehörte, nicht gut aus. So schraubte er hier und schraubte da. Dann noch ein bisschen hier und wieder ein bisschen da, und schließlich sagte er nickend: »Ja, ich glaube, das sieht gut aus.« Robo Roboter hob vorsichtig einen Arm, dann machte er ein paar kleinere Schritte. Doch da passierte es! Robo Roboter fing furchtbar an **zu zucken und zu wackeln**. Sein Blech klapperte und schepperte und schließlich **zerfiel** er in einhundertdreiundneunzig Einzelteile. (▶71)

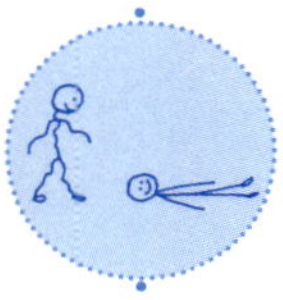

Ooh jeeh! Ihr könnt euch bestimmt vorstellen, wie erschrocken Robo Roboter und Robo Doc Junior waren.

Selbstverständlich begann Robo Doc Junior sofort damit, Robo Roboter wieder zusammenzuschrauben. Er schraubte hier und schraubte da. Dann noch ein bisschen hier und wieder ein bisschen da und schließlich sagte er nickend: »Ja, ich glaube, das sieht gut aus«. Er drückte Robos Anschaltknopf und sofort bewegte sich Robo als **Roboaffe** durch den Raum. (▶72)

»Oh nein!«, schrie Robo Doc Junior und lief Robo eilig hinterher. Als er ihn eingeholt hatte, schaltete er ihn schnell wieder aus und sagte zu sich: »Da habe ich wohl zwei Schrauben vertauscht.«

Der junge Robo Doc fing wieder an zu schrauben. Er schraubte hier und schraubte da. Dann noch ein bisschen hier und wieder ein bisschen da und schließlich sagte er nickend: »Ja, ich glaube, das sieht gut aus«.

Er drückte Robos Anschaltknopf. Sofort ertönte aus seinen Lautsprechern klassische Musik und Robo tanzte als **Roboballerina** durch den Raum. (▶73)

»Oh nein, oh nein!«, schrie Robo Doc Junior und lief Robo eilig hinterher. Als er ihn eingeholt hatte, schaltete er ihn schnell wieder aus und sagte ein klein bisschen verzweifelt zu sich: »Da habe ich wohl schon wieder etwas vertauscht.«

Erneut fing Robo Doc Junior an zu schrauben. Er schraubte hier und schraubte da. Dann noch ein bisschen hier und wieder ein bisschen da und schließlich sagte er nickend: »Ja, ich glaube, jetzt sieht es wirklich gut aus«. Er drückte Robos Anschaltknopf und sprang dann ganz schnell mit einem Riesensatz zur Seite. Denn kaum hatte er Robo eingeschaltet, ertönte Motorengeheul und Robo Roboter raste als **Robocar** durch den Raum. Allerdings hatte er dabei seine Staubsaugerfüße ausgefahren und reinigte damit gleichzeitig den Boden. (74)

»Nicht schlecht«, dachte sich der junge Robo Doc und rieb sich das Kinn. »Aber leider auch noch nicht perfekt.« Wieder rannte er hinter Robo Roboter her, um ihn erneut auszuschalten.

Noch einmal begann Robo Doc Junior, an Robo Roboter herumzuschrauben. Er schraubte noch mal ein bisschen hier, noch mal ein bisschen da und sagte schließlich. »Jetzt haben wir es endlich geschafft. Dieses Mal bin ich ganz sicher« Er schaltete Robo an und diesmal lächelte Robo Roboter glücklich. Endlich war er wieder der Alte. »Vielen Dank, Robo Doc Junior«, sagte er höflich. Dann **ging er** freudestrahlend **nach Hause**. (70)

Robo Roboter

Track	Motiv	Umsetzung	Skizze
▶ 70	**Robo Roboter geht**	Robotergang: Durch den Raum gehen, dabei Arme und Beine immer gestreckt lassen. Kantige Bewegungen ausführen und eckige Raumwege gehen.	
▶ 71	**Robo Roboter wackelt und zerfällt**	Wie ein Wackelpudding auf der Stelle wackeln, am Ende in sich zusammensinken.	
▶ 72	**Roboaffe**	Affengang: Wie Vierfüßlergang, aber Arme und Beine gestreckt lassen.	
▶ 73	**Roboballerina**	Mit steifen Beinen durch den Raum tanzen und sich ab und zu drehen.	
▶ 74	**Robocar**	Hände vor dem Körper (Lenkrad festhalten), durch den Raum laufen. Beim Musikwechsel Tempo anpassen.	
▶ 70	**Robo Roboter geht**	Robotergang, s.o.	

Wie sieht dein Roboter aus?

Lied: Robo Roboter

Text u. Melodie:
E. Gulden / B. Scheer

Eins, zwei, drei, vier,	mit „Roboterbewegungen“
Robo ist heut wieder hier.	Im Kreis gehen
Fünf, sechs, sieben, acht,	
schaut mal her, was er jetzt macht.	in die Mitte drehen
Er stampft mit seinen Füßen,	Bewegung wie im Text
er stampft mit seinen Füßen.	
Er stampft mit seinen Füßen,	
tanzt alle mit.	3 x in die Hände klatschen
Er stampft mit seinen Füßen,	Bewegung wie im Text
er stampft mit seinen Füßen.	
Er stampft mit seinen Füßen,	Sprung in die Luft, dabei die
so werden wir fit.	Arme über den Kopf nehmen

Die Bewegungen von Robo können in den nachfolgenden Strophen variiert werden, z.B.:

Er kreist mit seiner Hüfte, ...
Er winkt mit seinen Händen ...
Er schwingt mit seinen Armen ...
Er rollt mit seinen Schultern ...
Er wackelt mit dem Blechkopf ...
Er zappelt mit den Fingern ...
Er wackelt mit dem Blechpo ...
Er schlottert mit den Knien ...
Er zappelt mit dem Körper ...

Traumperlen

Kennt ihr die Traumperlenfee? Nein? Bestimmt hat sie jeden Einzelnen von euch schon ganz oft besucht. Ihr könnt euch nur nicht mehr so genau daran erinnern, denn die Traumperlenfee kommt immer spät in der Nacht, wenn ihr schon ganz tief schlaft. Aber immer, wenn sie jemanden in der Nacht besucht, verschenkt sie als Erinnerung an ihren Besuch eine Traumperle. In jeder ihrer Traumperlen wohnt ein wunderschöner Traum, und an diesen Traum könnt ihr euch dann am nächsten Morgen noch erinnern. Eigentlich träumen wir ja alle jede Nacht, aber wenn man morgens aufwacht, hat man meistens alles wieder vergessen. Diese Träume bringt das Sandmännchen. Aber ab und zu besucht einen die Traumperlenfee und ihre Träume könnt ihr, wenn ihr aufwacht, noch ganz genau erzählen.

Jetzt stellt euch vor, was mir gestern passiert ist: Es war schon spät am Abend, und ich hatte mich gerade zum Schlafen in mein Bett gelegt. Da schwebte plötzlich die Traumperlenfee zu mir herein und setzte sich auf meine Bettdecke. Sie war total aufgelöst. Ich fragte sofort, was passiert war, und sie erzählte mir, dass sich aus Versehen ihre Traumperlenkette geöffnet hatte. Alle Traumperlen waren heruntergefallen und in alle Himmelsrichtungen gekullert. Was sollte sie jetzt bloß ohne ihre Traumperlenkette machen? »Kannst du mir helfen, die Traumperlen zu finden?«, fragte sie mich zaghaft.

»Natürlich«, antwortete ich sofort. »Das ist doch selbstverständlich. Allerdings ist es jetzt in der Nacht viel zu dunkel. Wir können draußen ja gar nichts sehen. Nicht einmal der Mond scheint heute Nacht.« Ich überlegte einen Augenblick. Und dann sagte ich: »Weiß du was? Ich werde gleich morgen früh mit der Suche beginnen und wenn du nichts dagegen hast, frage ich die Kinder, ob sie mir helfen, die Traumperlen zu finden. Komm einfach morgen Abend wieder, dann haben wir mit Sicherheit alle Perlen gefunden.« Die Traumperlenfee lächelte mich glücklich an: »Oh, das ist eine tolle Idee.«

Ihr helft mir doch, die Traumperlen zu finden, oder nicht? Gut, dann wollen wir mal suchen. Passt aber ganz genau auf, wo ihr hintretet. Geht langsam und nehmt eure Füße immer ganz hoch. Am besten stolziert ihr so **wie ein Storch**. Und denkt daran, nirgendwo draufzutreten – denn sonst sind die Traumperlen kaputt. (▶75)

Schaut – ich glaube, ich habe etwas gefunden! Dort vorne liegt eine Perle. Lasst uns einmal hineinschauen, ob sich auch wirklich ein Traum darin befindet. Ooh, was ist das denn Schönes? Das ist ja ein hübscher kleiner **Schmetterling**, der gerade über eine große, bunte Blumenwiese flattert. Kommt, wir begleiten ihn ein Stück. Fröhlich zieht er von einer Blume zur nächsten, und wenn er eine besonders schöne Blüte entdeckt, landet er auf ihr und saugt ein bisschen von ihrem Blütennektar. Dann flattert er munter weiter und sucht sich eine andere Blume aus. **(▶76)**

Ich glaube, wir schließen die Traumperle wieder. Nicht, dass wir erfahren, was der kleine Schmetterling noch so alles erlebt, bevor die Traumperlenfee einem von uns diesen Traum wirklich geschenkt hat. Mag sie jemand von euch in meinen Korb legen? Vielen Dank. Und jetzt suchen wir nach den anderen Traumperlen. Passt wieder gut auf, wo ihr hintretet und hebt eure Füße ganz hoch.*

Oh, seht mal, dort hinten in der Ecke: Da liegt ja noch eine! Lasst uns einen kurzen Blick hineinwerfen. Hier spielen **zwei** junge **Pferde** miteinander. Kommt, wir galoppieren ein Stück mit ihnen durch die Landschaft. **(▶77)**

Jetzt lasst uns die Perle schnell in den Korb legen und weitersuchen.

Da haben wir ja schon die dritte Traumperle gefunden! Welcher Traum sich wohl in ihr verbirgt? Seht, dort hinten am See stehen ganz viele **Flamingos**. Oh jeeh, jetzt fängt es an zu regnen. Ja, was passiert denn jetzt? Da spannt ja ein Flamingo nach dem anderen einen **Regenschirm** auf. Das ist ja ein lustiges Spektakel! Wenn die Sonne scheint, machen sie den Regenschirm zu, und wenn es anfängt zu regnen, spannen sie den Schirm auf. Habt ihr das gesehen? Jetzt haben die Flamingos sogar ihr **Standbein gewechselt**. **(▶78)**

Eigentlich wüsste ich ja zu gerne, was diese Flamingos noch so alles können, aber lasst uns lieber schnell die letzten beiden Perlen suchen.

Hier ist noch eine, ich habe sie! Da ist sicher auch ein toller Traum drin! Viele **Kinder tanzen** zusammen **im Kreis**. Bestimmt freuen sie sich über etwas ganz besonders. Kommt, fasst euch alle an, wir tanzen mit! **(▶79)**

Alle tanzen einen Reigen

Jetzt müssen wir nur noch eine Perle finden. Da haben wir sie ja schon. Oh, in ihr liegt eine wunderschöne **Muschel**. Ich sehe schon das blaue Meer, in dem sie lebt. Manchmal geht sie auf, um mit den Fischen zu reden, die vorbeischwimmen. Und wenn sie müde ist, geht sie wieder zu. Herrlich! **(▶80)**

***Anmerkung:**
Zu jeder „Suchsequenz“ kann Track 75 wiederholt werden (siehe Extra-Tipp S. 76).

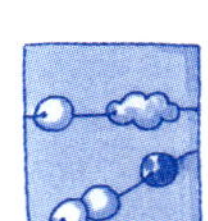

Aber ich glaube, wir sollten auch diese Traumperle schnell wieder schließen und in meinen Korb legen, bevor wir zuviel von diesem Traum erfahren. Noch gehören ja alle Träume der Traumperlenfee. Das dürfen wir nicht vergessen. Aber bestimmt könnt ihr euch für eure tolle Hilfe einen Traum aussuchen, den ihr gerne heute Nacht weiterträumen würdet. Ich bin mir sicher, dass die Traumperlenfee jedem von euch schon bald einen schönen Traum schenken wird.

Traumperlen

Track	Motiv	Umsetzung	Skizze
75	**Traumperlen suchen**	Storchengang (s. S. 91); ab und zu stehen bleiben, sich in der Hocke oder im Zehenballenstand im Raum umschauen.	
76	**Schmetterling fliegt** **Landung auf einer Blume**	Im Zehenballenstand mit seitlich flatternden Armen durch den Raum »fliegen«. In die Hocke gehen, Arme um die Knie verschränken.	
77	**2 Pferde**	Pferdchenhüpfer (s. S. 88)	
78	**Flamingos bei Sonnenschein** **bei Regen**	Jedes Kind steht auf einem Bein (ältere Kinder im Zehenballenstand). Die Fußspitze des Spielbeins berührt dabei seitlich das Knie des Standbeins und zeigt zum Boden. Die Arme sind eingestützt. Die Arme formen einen Kreis über dem Kopf.	
79	**Kinder tanzen**	Kreistanz: Gemeinsam im Kreis in verschiedenen Richtungen tanzen (s. S. 87).	
80	**Muschel**	Schmetterlingssitz (s. S. 85): Aufrecht sitzen, Fußsohlen aneinander, Arme bilden ein Dreieck über dem Kopf. Den Oberkörper nach vorne beugen, Nasenspitze an die Füße; langsam wieder aufrichten.	

Welcher Traum steckt in deiner Traumperle?

Extra-Tipp: Traumperlen finden

Wenn Sie oder die Kinder es wünschen, können Sie bei jeder »Such-Sequenz« erneut Track 75 anspielen und die Perlen – zumindest beim ersten Spielen der Geschichte – tatsächlich suchen. Dies erhöht die Spannung für die Kinder und bereitet ihnen erfahrungsgemäß große Freude. Damit das Finden der Perlen allerdings in Ihrer Hand bleibt und nicht 2 Perlen gleichzeitig von 2 Kindern gefunden werden, sollten Sie die Perlen nacheinander verstecken. Zeitlich bietet sich hierzu Gelegenheit, während die Kinder noch mit dem Tanzen des einen Traumes beschäftigt sind. Eine umkompliziertere Variante ist, dass Sie ebenfalls mitsuchen und Ihre Perle bei dieser Gelegenheit einfach irgendwo im Raum verstecken oder sie auch selbst finden.

Kreativtipp: Traumperlen aus Acryl

Wunderschöne Traumperlen sind sehr schnell selbst hergestellt.

Material:
- durchsichtige Acryldekorationskugeln
- weiße Watte
- ein Schmetterling aus einem Blumen- oder Dekorationsgeschäft
- zwei kleine Pferdefiguren
- eine rosa Bastelfeder für den Flamingo
- kleine Spielfiguren aus Holz
- ein Puppentanzschuh
- eine echte Muschel

So geht‘s:
Die Acrylkugel öffnen und eine Hälfte der Kugel mit weißer Watte auslegen. Darauf werden die kleinen »Träume« platziert, und wiederum mit etwas Watte zugedeckt, so dass sie nicht auf den ersten Blick von außen erkennbar sind. Anschließend die Kugeln gut verschließen.

Gesprächsthema: Träume

Die Traumperlengeschichte beschäftigt die Kinder erfahrungsgemäß über die motorische Umsetzung hinaus. Sie bietet einen wunderbaren Anlass zum Gespräch mit den

Kindern – sowohl im Anschluss an die Geschichte selbst als auch an den darauf folgenden Tagen. Erst im Alter von 4–5 Jahren können Kinder zwischen Träumen und Wirklichkeit unterscheiden. Sie benötigen vor allem Gespräche, um gute Träume überhaupt von schlechten Träumen unterscheiden zu können. Folgende Fragestellungen bieten sich hierzu an:

- An welchen Traum könnt ihr euch noch erinnern?
- Was ist ein schlechter Traum?
- Was ist ein schöner Traum?
- Hatte jemand schon einmal einen schlechten Traum?
- Was habt ihr dann gemacht?
- Welchen Traum wünscht ihr euch von der Traumperlenfee?
- Wie könnten die einzelnen Träume aus den Traumperlen weitergehen?
- Wenn ihr Träume verschenken könntet, wem würdet ihr einen Traum schenken? Und was würde in diesem Traum passieren?
- Können wir Träume malen?

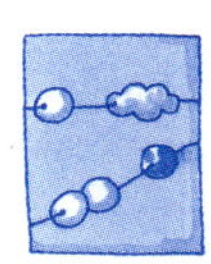

Weihnachten

Freut ihr euch auch schon alle auf Weihnachten? Klar! Ich mich auch. Und wisst ihr, wer sich noch ganz arg freut? Ratet mal. Könnt ihr euch das nicht vorstellen? Na, all diejenigen, die jetzt gerade die meiste Arbeit haben. Wer das ist? Na, überlegt doch mal. Wer muss denn eure ganzen Wunschzettel einsammeln? Genau, die vielen **Weihnachtsengel**, die jede Nacht unterwegs sind und die Wunschzettel und Wunschbilder bei euch und euren Eltern abholen, um sie dann in Windeseile dem Weihnachtsmann zu bringen. Kommt, wir helfen ihnen mal ein bisschen. (▶ 81)

Und wer hat gerade noch so viel zu tun? Stimmt, die vielen **Weihnachtswichtel**, die fleißig eure Geschenke basteln müssen, damit sie rechtzeitig zum Fest fertig sind. (▶ 82)

Auch **Frau Holle** ist schon dabei, die Betten kräftig auszuschütteln, damit ihre dicken Schneeflocken den weiten Weg zur Erde zurücklegen und wir weiße Weihnachten feiern können. (▶ 83)

Schließlich bereiten sich auch die **Rentiere** auf ihren wichtigsten Ausritt im Jahr vor. Sie trainieren hart, damit sie den großen schweren Schlitten, auf den all eure Geschenke gepackt werden, ziehen können. (▶ 84)

Und auch der **Weihnachtsmann** hat keine Zeit mehr zu schlafen. Er geht den ganzen Tag umher, beobachtet, dirigiert und verbessert. (▶ 85)

Ich kann euch sagen: all diejenigen, von den Weihnachtsengeln über die Weihnachtswichtel, Frau Holle und die Rentiere bis hin zum Weihnachtsmann sind richtig froh, wenn endlich der Weihnachtsabend gekommen ist und alle Kinder ihre Geschenke haben.

Denn anschließend, wenn der Weihnachtsmann mit den Rentieren vom Geschenke verteilen zurück ist, dann sitzen sie alle am großen Tisch und essen, spielen und **feiern** gemeinsam – so wie ihr mit euren Eltern zu Hause. (▶ 86)

Weihnachten

Track	Motiv	Umsetzung	Skizze
▶ 81	**Weihnachts-engel**	Mit großen Flügelbewegungen der Arme durch den Raum »fliegen«.	
▶ 82	**Weihnachts-wichtel**	Schnell und hektisch einige Schritte in eine Richtung gehen, schnell umdrehen und in eine andere Richtung weitergehen. Nach wenigen Schritten wieder Richtungswechsel.	
▶ 83	**Frau Holle**	Seit-Anstellschritt: Mit dem rechten Fuß einen Schritt nach rechts gehen. Mit dem linken Fuß neben dem rechten auftippen und dann einen Schritt nach links gehen. Den rechten Fuß neben dem linken auftippen und wieder einen Schritt nach rechts gehen. Der linke Fuß schließt neben dem rechten. Jetzt mit den Armen Betten ausschütteln, dabei die Arme von ganz oben nach ganz unten und wieder nach oben führen, bei der Bewegung in die Knie gehen (Kniebeugen).	
▶ 84	**Rentiere**	Pferdchenhüpfer (s. S. 88)	
▶ 85	**Weihnachts-mann**	Hände auf dem Rücken verschränken, mit schweren Schritten durch den Raum schreiten; Kopf nach oben, Blick nach unten, nach rechts und links, ab und zu beobachtend stehen bleiben.	
▶ 86	**Weihnachts-feier**	Im Schneidersitz an den Händen gefasst im Kreis sitzen und schunkeln.	

Zeichenverse: Weihnachten

Kerze

Ein hohes Rechteck male ich,
darauf kommt jetzt ein kleiner Strich.
Eine Flamme leuchtet hell und klar,
das Weihnachtslicht glänzt wunderbar.

Tannenbaum

Zick zack, zick zack, zick zack,
läuft der Stift den Berg hinab.
Zwei Striche setz ich unten dran,
damit mein Bäumchen stehen kann.

Weihnachtsengel

Runter, rüber, rauf,
der Kreis kommt obendrauf.
Ein Gesicht mal ich hinein,
gelocktes Haar, so soll es sein.
Rechts und links je einen Bogen,
so kommt der Engel angeflogen.

Nikolaus

Ein spitzes Dreieck male ich
und auch 'nen Kreis – ganz ordentlich.
Ja und jetzt? Was wird daraus?
Ich glaub', es wird ein Nikolaus.
Die Mitra trägt er auf dem Kopf,
darunter sitzt der Haare Schopf.
Und mit dem Stab in seiner Hand,
verteilt er Süßes im ganzen Land.

Kannst du den Tannenbaum schmücken?

Anhang

Technische Hinweise

Auf der beiliegenden CD sind die Tracks in der Reihenfolge ihres „Auftritts" innerhalb der einzelnen Geschichten abgespeichert, sodass Sie mit Hilfe der Funktionstasten „vor" oder „zurück" auf Ihrem CD-Spieler bequem angewählt werden können.

Wenn Sie eigene Geschichten erfinden und einzelne Tracks aus verschiedenen Geschichten individuell zusammenstellen möchten, verwenden Sie am besten ein Gerät mit einer Fernbedienung, die es Ihnen erlaubt, die einzelnen Tracknummern direkt anzuwählen. Viele CD-Spieler bieten auch die Möglichkeit, die Reihenfolge der abzuspielenden Tracks vorab zu programmieren.

Die folgenden Tabellen dienen als Orientierungshilfe, wenn Sie sich eigene Tanzgeschichten ausdenken möchten. Dabei können Sie entweder nach den gewünschten Erzählmotiven oder aber nach bestimmten Bewegungsformen suchen und die passenden Tracks dazu finden.

Erzählmotive von A–Z

Motiv	Track
Affe	72
Afrika	65
Auto	74
Ballerina	73
China	66
Cowboys	64
Dame, elegant	18
Drachen	4
Eisenbahn, rückwärts	5

Motiv	Track
Eisenbahn, vorwärts	1
Elefant	39
Elfen und Trolle	48
Elfen, drehen	46
Elfen, tanzen	45
Elfen, trippeln	47
Engel	81
Ente	31

Motiv	Track
Erwachsene	61
Fernost	66
Flamingos	78
Fledermaus	24
Fluss, drüberspringen	40
Fluss, durchschwimmen, trockenschütteln	50
Frau Holle	83
Gebiss	58
Gespenster	26
Grashüpfer	32
Hagel	52
Hampelmann	42
Hase	33
Herr, alt	23
Holzkreisel	11
Kamel	6
Kasatschok	67
Katze	27
Kerze	14
Ketten rasseln	28
Krebs	10
Lackschuhe	60
Mexiko	64

Motiv	Track
Mumie	29
Muschel	80
Österreich	69
Party	62
Pfau	38
Pferde	77
Pinguin	57
Polen/Polka	68
Reigen	79
Rentiere	84
Roboter, geht	70
Roboter, wackeln und zerfallen	71
Russland	67
Sanduhr	12
Schaufensterpuppe	21
Schiff 1	8
Schiff 2	15
Schlange	37
Schmetterling	76
Schnecke	34
Schnee	54
Schnürsenkel, zusammengebunden	20
Schuhplattler	69
Sternschnuppe	35

Motiv	Track
Stricknadeln	59
Strudel	53
Tanzschuh	13
Teezeremonie	41
Teppichfliegen	36
Tintenklecks, springen	17
Tintenklecks, zurück ins Heft gleiten	22
Toilettenspülung	56
Träumen, Piraten	16
Träumen, Sternschnuppe	35
Traumperlen, suchen	75
Trolle, robben	44
Trolle, schnell laufen, versteinern	49
Trolle, springen	43
Tröpfeln und Platzregen	51
Tropfsteinhöhle	3
Vulkan	2
Waschmaschine	55
Weihnachtsfeier	86
Weihnachtsmann	85
Wichtel	82
Wind	7
Wippe	25
Zeitung lesen	19

Bewegungsformen von A–Z

Bewegung/ Haltung	Ausführung	Geschichte	Track
Affengang	Wie Vierfüßlergang, aber Arme und Beine gestreckt lassen.	Robo Roboter	72
Anfersen	Durch den Raum laufen; dabei berühren die Fersen den Po.	Im Land der Elfen und Trolle	48 (B-Teil)
Ein-Bein-Stand	Auf einem Bein stehen.	Der kleine freche Tintenklecks	1[illegible]
		Traumperlen	73

Bewegung/ Haltung	Ausführung	Geschichte	Track
Elefantengang	Durch den Raum stampfen. Die rechte Hand fasst an die Nase, der linke Arm wird als »Rüssel« durch die Armbeuge hindurchgestreckt. Den »Rüssel« im Wechsel nach oben und unten bewegen.	Im Garten des Maharadschas	39
Entengang	Siehe »Hockgang«		
Fersensitz	Auf den Unterschenkeln sitzen. Oberschenkel, Rücken und Kopf sind gerade.	Im Garten des Maharadschas	41
fliegen, schweben	Auf halber Spitze durch den Raum »fliegen«.	Weihnachten Traumperlen Eine kleine Gespenstergruselgeschichte	81 76 26
freies Tanzen	Die Kinder tanzen oder bewegen sich frei im Raum.	Der kleine freche Tintenklecks Im Land des Wassers Reise um die Welt	21 54 65
Froschhüpfen	Aus der Hocke in die Hocke springen, die Hände berühren bei Start und Landung den Boden.	Im Zauberladen	58
Ganzkörperschwung	Aufrecht stehen, die Füße sind eng zusammen, das Gewicht ist auf beide Beine verteilt. Die Arme lang gestreckt über dem Kopf halten, dann nach unten schwingen. Dabei den Oberkörper mitnehmen und die Knie beugen, die Arme hinter dem Rücken ausschwingen und diesen Ausschwung wieder für den Aufschwung nutzen.	Eine kleine Gespenstergruselgeschichte	24

Bewegung/ Haltung	Ausführung	Geschichte	Track
gehen	Durch den Raum gehen.	Weihnachten	▶ [illegible]2, 85
		Im Zauberladen	▶ [illegible]0
		Traumperlen	▶ [illegible]5
		Im Land der Elfen und Trolle	▶ [illegible]8 (A-Teil)
Gewichts-verlagerung	Das Gewicht von einem Fuß auf den anderen verlagern.	Die kleine Eisenbahn	▶ [illegible]
		Die Schatztruhe	▶ [illegible], 15
Hampelmann	Im Wechsel von einer geschlossenen Fuß-position in eine seitlich geöffnete Position springen und wieder zurück. Die Arme wer-den von unten neben dem Körper über die Seite nach oben genommen.	Im Land der Elfen und Trolle	▶ [illegible]2
Hasenhüpfer	In der Hocke sitzen. Zuerst beide Arme gleichzeitig nach vorne stützen, dann gleichzeitig mit beiden Beinen hinterher springen.	Estelle, die kleine Sternschnuppe	▶ [illegible]
Hockgang	In der Hocke gehen.	Estelle, die kleine Sternschnuppe	▶ [illegible]
in sich zusam-mensinken	Aus dem Zehenballenstand in sich zusam-mensinken (Hocksitz).	Die Schatztruhe	▶ [illegible]
Kamelgang	siehe »Vierfüßlergang«		
Kasatschok	Rechte Hand liegt auf linker Schulter, linke Hand liegt auf rechter Schulter. Beine ab-wechselnd nach vorne in die Luft werfen. Variante: die Fersen abwechselnd jeweils kurz vorn auf dem Boden auftippen und den Fuß wieder zurückstellen.	Reise um die Welt	▶ [illegible]

Bewegung/ Haltung	Ausführung	Geschichte	Track
Kerze	In Rückenlage die Beine senkrecht in die Luft strecken. Bei jüngeren Kindern bleibt der Po am Boden.	Die Schatztruhe	▶ 14
kraulen	Die Arme nacheinander in einer Kraulbewegung vorwärts oder rückwärts kreisen.	Im Land des Wassers	▶ 50 (Teil 1)
Krebsgang	Das Gewicht auf Hände und Füße verlagern, dabei zeigen Bauch und Kopf zur Decke. Sich in dieser Position seitlich fortbewegen.	Die Schatztruhe	▶ 10
Kreiseldrehen	Sich um die eigene Achse drehen.	Die kleine Eisenbahn Die Schatztruhe Im Land der Elfen und Trolle Im Land des Wassers	▶ 7 ▶ 11 ▶ 46 ▶ 55
Kreistanz	Gemeinsam im Kreis in verschiedenen Richtungen tanzen, z. B. im geschlossenen Kreis 16 Schritte nach rechts, dann 16 Schritte nach links gehen. Variation: 16 Schritte nach rechts, 8 Schritte in die Mitte, 8 Schritte zurück. Dann 16 Schritte nach links, 8 Schritte in die Mitte und 8 Schritte zurück.	Im Land der Elfen und Trolle Traumperlen	▶ 45 ▶ 79
Kreuzschritt	Mit dem rechten Fuß einen Schritt seitwärts gehen, den linken Fuß vor dem rechten kreuzen. Mit dem rechten Fuß einen Schritt seitwärts, den linken Fuß hinter dem rechten kreuzen.	Im Zauberladen	▶ 59
laufen	Durch den Raum laufen.	Robo Roboter	▶ 74
Mumiengang	Mit steifen Beinen nacheinander auf der Ferse, der Fuß-Außen- oder der Fuß-Innenkante gehen.	Eine kleine Gespenstergruselgeschichte	▶ 29

Bewegung/ Haltung	Ausführung	Geschichte	Track
Pfauengang	Im Zehenballengang stolzieren. Knie gestreckt lassen, dabei stolz nach rechts und links blicken. Die Handaußenflächen liegen auf dem Po, die Ellenbogen sind angewinkelt.	Im Garten des Maharadschas	38
Pferdchenhüpfer	Vom rechten Bein auf das linke hüpfen, das rechte Bein landet kurz vor dem linken Fuß und trägt das gesamte Körpergewicht. Wiederum hüpft das linke Bein nach vorne (Spielbeinwechsel).	Weihnachten Reise um die Welt Traumperlen (zu zweit)	84 64 77
Pinguingang	Arme dicht am Körper halten, die Hände seitwärts ausgestellt, Watschelgang.	Im Zauberladen	57
Podrehung	Auf dem Boden sitzen und sich auf dem Po um die eigene Achse drehen.	Im Land des Wassers	55
Polka	Die Kinder stehen paarweise gegenüber, an beiden Händen gefasst. Rechter Fuß: mit der Hacke seitwärts auf den Boden tippen, dann die Fußspitze hinter dem Standbein auftippen. Wiederholung, dann im Seitgalopp durch den Raum tanzen. Bewegung von vorn, diesmal mit dem linken Fuß beginnen.	Reise um die Welt	68
Rad fahren	In Rückenlage mit den Beinen in der Luft Rad fahren.	Im Land der Elfen und Trolle	44 (2. Teil)
Relevé	Im Zehenballenstand stehen. In regelmäßigen Abständen die Fersen auf den Boden absenken und heben.	Die kleine Eisenbahn	3
robben	Auf dem Bauch liegen, auf den Unterarmen vorwärts robben.	Im Land der Elfen und Trolle	44 (1. Teil)
Robotergang	Durch den Raum gehen, dabei Arme und Beine immer gestreckt lassen. Kantige Bewegungen ausführen und eckige Raumwege gehen.	Robo Roboter	70

Bewegung/ Haltung	Ausführung	Geschichte	Track
schleichen	Mit gebeugten Beinen durch den Raum gehen. Die Fußspitze wird als erstes aufgesetzt, dann bis zur Ferse abrollen.	Eine kleine Gespenstergruselgeschichte	27
		Estelle, die kleine Sternschnuppe	30
schlurfen, humpeln	Durch den Raum schlurfen, dabei ein Bein hinter sich herziehen.	Eine kleine Gespenstergruselgeschichte	23
Schmetterlingssitz	Aufrecht auf dem Boden sitzen, Fußsohlen aneinanderlegen. Oberkörper langsam nach vorne beugen und wieder aufrichten, die Arme bilden ein Dreieck über dem Kopf.	Traumperlen	80
Schneckengang	Auf dem Bauch liegen, die Arme lang vor dem Kopf. Po nach oben ziehen, Arme nach vorne setzen, Oberkörper wieder lang nach vorne ziehen.	Estelle, die kleine Sternschnuppe	34
Schneidersitz	Auf dem Boden sitzen und die Beine verschränken.	Weihnachten	86
Schrittsprung	Von einem Bein abspringen, das Spielbein so lang wie möglich nach oben und vorne strecken. Das Sprungbein lang nach hinten strecken.	Im Garten des Maharadschas	40
Schuhplattler	Paarweise gegenüberstehen. 4x in die eigenen Hände klatschen, 2x auf die eigenen Oberschenkel klatschen. Nun klatscht die rechte Hand hinter dem Po an den linken Fuß, die linke Hand an den rechten Fuß. Dann haken sich die Kinder mit den rechten Armen ineinander und drehen sich um ihre gemeinsame Achse.	Reise um die Welt	69

Bewegung/ Haltung	Ausführung	Geschichte	Track
schütteln	Den Körper oder einzelne Teile »ausschütteln«, lockern.	Eine kleine Gespenstergruselgeschichte	[illegible]8
		Im Land des Wassers	[illegible]0 (2. Teil)
		Robo Roboter	[illegible]
schweben	Siehe »fliegen«		
Seitanstell-schritt	Mit dem rechten Bein einen Schritt nach rechts gehen, linke Zehenspitzen tippen neben dem rechten Bein auf. Mit dem linken Bein einen Schritt nach links gehen, rechte Zehenspitzen tippen neben dem linken Fuß auf und gehen wieder einen Schritt nach rechts. Linker Fuß schließt neben dem rechten Fuß.	Weihnachten	[illegible]3
Seitgalopp	Mit Seitnachstellhüpfern durch den Raum galoppieren.	Im Zauberladen	[illegible]2
Seitnachstell schritt	Mit dem rechten Bein einen Schritt nach rechts gehen, linkes Bein neben dem rechten Bein aufsetzen. Wieder mit dem rechten Bein einen Schritt nach rechts gehen, linkes Bein neben dem rechten auftippen. Mit dem linken Bein alles nach links wiederholen.	Reise um die Welt	[illegible]6
Skipping	Schnell durch den Raum laufen, dabei die Knie ganz hoch nehmen.	Im Land der Elfen und Trolle	[illegible]9 (1. Teil)
Sonnen-Armbewegung	Arme gleichzeitig vor dem Körper nach oben und über die Seiten in einer Halbkreisbewegung wieder nach unten führen.	Im Land der Elfen und Trolle	[illegible]7

Bewegung/ Haltung	Ausführung	Geschichte	Track
Sprünge	Sprünge mit geschlossenen Beinen und auf einem Bein, vorwärts, rückwärts, seitwärts.	Die kleine Eisenbahn	2
		Der kleine freche Tintenklecks	17
		Im Land des Wassers	51, 52
		Im Land der Elfen und Trolle	43
		Estelle, die kleine Sternschnuppe	32
		Im Zauberladen	58
stampfen	Schnell und laut mit den Füßen auf den Boden stampfen.	Im Garten des Maharadschas	39
Standwaage	Auf einem Bein stehen. Das Spielbein wird so hoch wie möglich lang nach hinten gestreckt. Arme in Schulterhöhe seitlich ausgestreckt. Den Oberkörper ein wenig nach vorne neigen. (Standbeinwechsel)	Im Garten des Maharadschas	36
Storchengang	Gehen, dabei Knie hochziehen, Fußspitzen nach unten strecken, die Zehenspitzen zuerst aufsetzen.	Traumperlen	75
strecken und zusammenziehen	Langgestreckt auf dem Rücken liegen. Arme liegen auf dem Boden über dem Kopf, die Kinder drehen sich auf die rechte Seite und ziehen Arme und Beine vor ihrem Bauch zusammen (kleines Päckchen). Danach wieder lang auf dem Boden ausstrecken und sich auf die linke Seite drehen (kleines Päckchen).	Der kleine freche Tintenklecks	22

Bewegung/ Haltung	Ausführung	Geschichte	Track
Traumposition	Die Kinder liegen entspannt auf dem Boden, die Position wählen sie selbst.	Die Schatztruhe Estelle, die kleine Sternschnuppe	▶ [illegible]6 ▶ [illegible]5
Trippelschritt	Im Zehenballenstand kleine Schritte machen, evtl. dabei die Füße gekreuzt voreinander setzen.	Ein frecher Tintenklecks Im Land der Elfen und Trolle	▶ [illegible]8 ▶ [illegible]7
versteinern	Auf ein Signal sofort regungslos stehenbleiben.	Im Land des Wassers Im Land der Elfen und Trolle Im Zauberladen	▶ [illegible]6 ▶ [illegible]9 ▶ [illegible]0
Vierfüßlergang	Hände und Füße sind auf dem Boden. Gleichzeitig rechten Arm und rechtes Bein nach vorne setzen, dann gleichzeitig linken Arm und linkes Bein nach vorne setzen.	Die kleine Eisenbahn	▶ [illegible]
Walzerschritt	Tief–hoch–hoch, d.h. den ersten Schritt im Knie abgesenkt, die beiden folgenden Schritte im Zehenballenstand.	Die Schatztruhe	▶ [illegible]
Wechselhüpfer	Auf einem Bein stehen, der Fuß des Spielbeins berührt seitlich das Knie des Standbeins. Dann auf das Spielbein und wieder auf das erste Bein hüpfen.	Im Land des Wassers	▶ [illegible] (1. Teil)
werfen und fangen	Tücher in die Luft werfen und wieder auffangen.	Im Land der Elfen und Trolle	▶ [illegible]8 (1. Teil)
Wippe	Paarweise gegenüberstehen. Jeweils ein Kind geht in die Hocke, das andere steht, Beidhandfassung. Beide Kinder wechseln gleichzeitig die Position vom Hocken zum Stehen und umgekehrt.	Eine kleine Gespenstergruselgeschichte	▶ [illegible]

Bewegung/ Haltung	Ausführung	Geschichte	Track
Z-Sitz	Auf dem Boden sitzen. Ein Bein liegt angewinkelt vor dem Körper, das andere liegt angewinkelt hinter dem Körper.	Im Garten des Maharadschas	▶ 37
zappeln	Auf der Stelle mit dem ganzen Körper zappeln.	Im Land des Wassers Robo Roboter	▶ 50 (2. Teil) ▶ 71
Zehenballengang	Auf den Zehenspitzen durch den Raum gehen.	Robo Roboter Traumperlen	▶ 73 ▶ 75
Zug, rückwärts **Zug, vorwärts**	Die Kinder stehen in einer Reihe, an Schultern oder Hüfte gefasst und »fahren« auf unterschiedlichen Wegen durch den Raum.	Die kleine Eisenbahn	▶ 5 ▶ 1

Kopiervorlagen

Basteltipp: Sternschnuppe

Vorlage 1

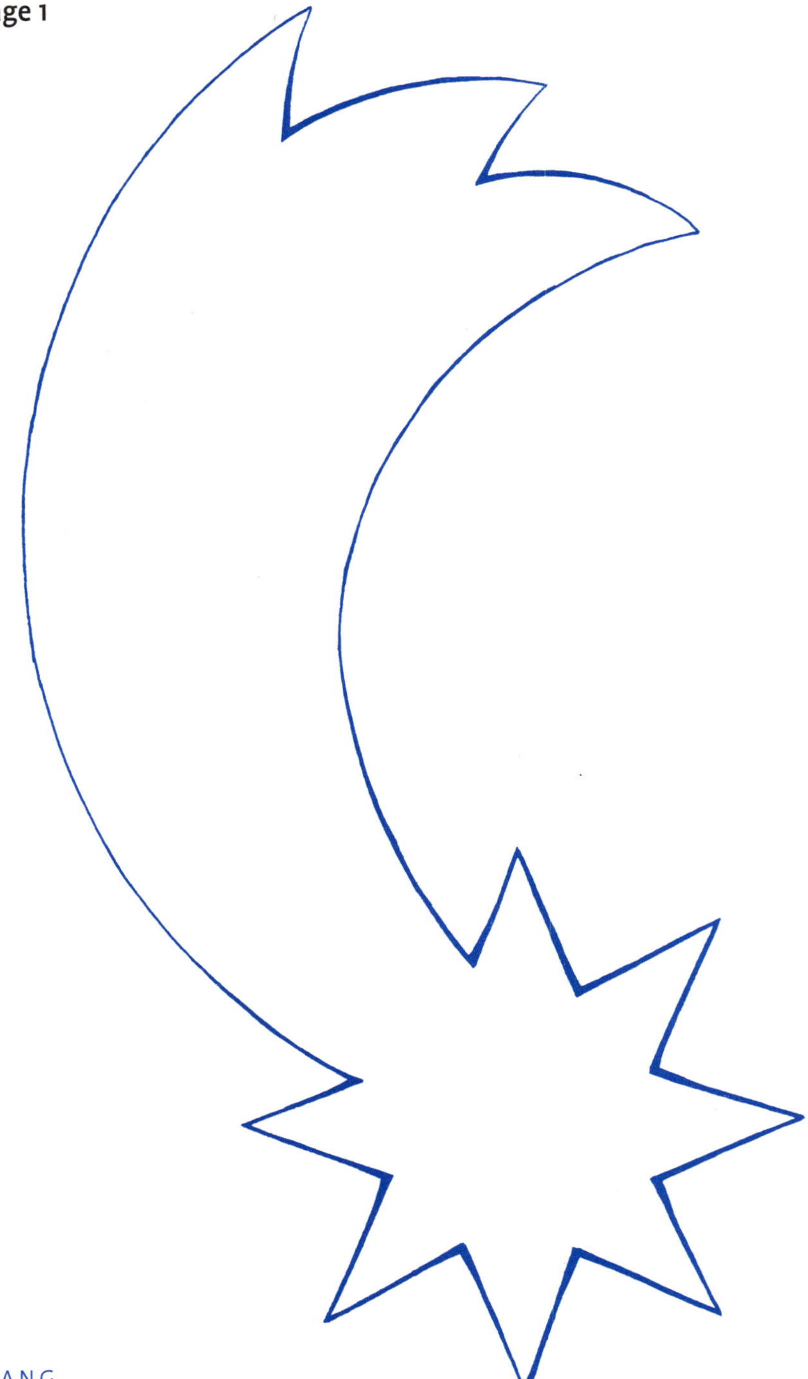

Vorlage 2

Vorlage 3

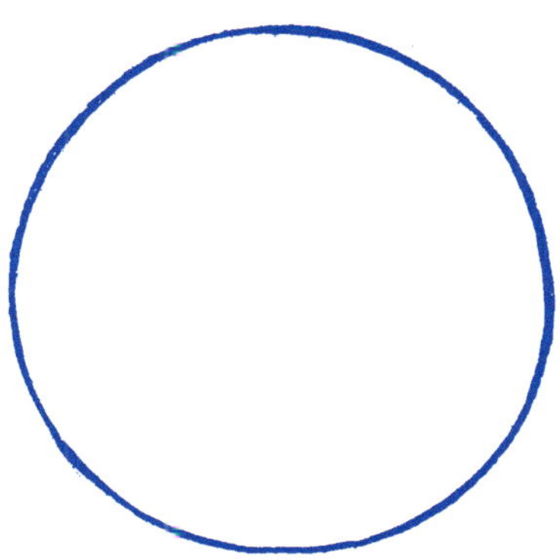